카카오톡, 라인,  는

무조건 승인되는

이모티콘 &굿즈 만들기

시대인

머리말

안녕하세요, 이모티콘 작가 디듀입니다. 저는 평소에 귀여운 것들을 좋아해서 사람들과 메시지를 주고받을 때도 귀여운 느낌의 이모티콘을 자주 사용하고 귀여운 그림을 그리는 것을 즐겼습니다. 주변 사람들이 제가 그린 그림이나 낙서를 보고 좋아할 때마다 뿌듯하여 내가 직접 이모티콘을 만들어서 사용하면 더 즐거울 것 같다는 생각이 들었습니다. 그래서 무작정 이모티콘 만들기에 도전하였습니다.

하지만 이모티콘을 제안할 때마다 돌아오는 것은 미승인 메일이었습니다. 오기가 생기기도 하고 아쉽기도 하여 포기하지 않고 계속해서 제안하다 보니 열여섯 번의 제안 끝에 승인받을 수 있었습니다. 이모티콘이 승인되고 나서 제가 만든 캐릭터를 사람들이 좋아해 주셔서 너무 행복하고 캐릭터에 애정도 생겨 이모티콘 작가로 활동을 이어가고 있습니다.

카카오톡뿐만 아니라 라인, OGQ마켓 등의 다양한 플랫폼에서 이모티콘을 출시하였고 대표 이모티콘으로는 '엥' 시리즈가 있습니다. 그 외 '쮸구리는 당당해',

'쬬쬬랑 놀자!', '꽁쭈의 말을 듣거라!' 등 다양한 이모티콘을 카카오에 출시하였습니다.

책 출간 제안을 받은 후 초반에 부족하고 헤맸던 것이 생각나 이모티콘 만들기를 시작하는 분들에게 조금이나마 도움을 드리고 싶어 책을 출간하게 되었습니다.

이 책은 이모티콘을 기획하는 방법부터 프로크리에이트와 포토샵을 이용해 이모티콘을 만들고 다양한 플랫폼에 제안하는 방법까지 소개합니다. 더불어 일러스트레이터를 이용해 캐릭터 굿즈를 만들고 판매하는 방법과 프로크리에이트와 포토샵, 일러스트레이터의 기초 사용법까지 상세하게 수록했습니다.

제가 직접 작업하면서 알게 된 부분과 꿀팁을 최대한 담았으니 독자분들에게 많은 도움이 되었으면 하는 바람입니다. 포기하지 말고 즐겁게 작업하길 바라며 독자 여러분과 이모티콘 시장에서 작가로 만나 뵙길 바랍니다. 감사합니다.

백지수(디듀)

이 책은 '프로크리에이트'로 이모티콘을 제작하는 방법과 '포토샵'을 사용해 최종 파일을 제작하는 방법 그리고 '일러스트레이터'로 굿즈를 만드는 방법을 담았습니다. 프로크리에이트는 수시로 업데이트되어 일부 화면이나 내용이 책의 이미지와 다를 수도 있으며 책에서는 5.3.5 버전을 사용했습니다. 포토샵과 일러스트레이터는 Photoshop CC와 Illustrator CC 모든 하위 버전으로 예제를 실습할 수 있습니다.

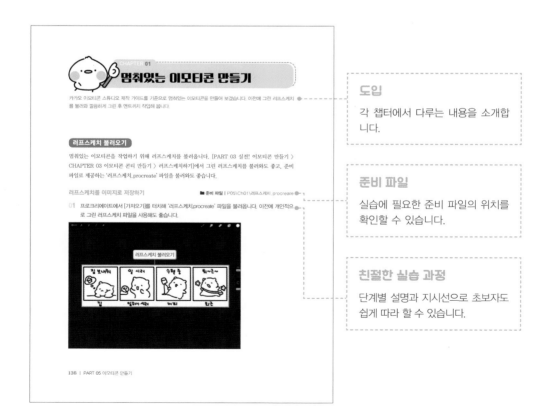

도입

각 챕터에서 다루는 내용을 소개합니다.

준비 파일

실습에 필요한 준비 파일의 위치를 확인할 수 있습니다.

친절한 실습 과정

단계별 설명과 지시선으로 초보자도 쉽게 따라 할 수 있습니다.

Tip!

이모티콘 만들기와 관련된 다양한
팁과 부연 설명이 담겨 있습니다.

여기서 잠깐!

이모티콘을 만들 때 주의할 점과
짚고 넘어가야 할 부분을 설명합니다.

디듀의 이모티콘 Talk! Talk!

미승인된 이모티콘을 승인으로 바
꾸는 방법 등 인기 이모티콘 작가
디듀의 다양한 꿀팁과 노하우를 소
개합니다.

CONTENTS

실습 파일 다운로드하기

① 시대인 홈페이지(www.sdedu.co.kr/book)에 접속하여 로그인합니다. 회원이 아닌 경우 [회원가입]을 클릭하여 가입한 후 로그인합니다.

② 상단 메뉴에서 [프로그램]을 클릭하고 검색 창에 '무조건 승인되는 이모티콘 & 굿즈 만들기'를 검색한 후 준비 파일을 다운로드합니다.

궁금해요! 이모티콘 Q&A

이모티콘을 작업하며 생길 수 있는 소소한 궁금거리에 대한 답변과 이모티콘을 처음 만드는 분들이 많이 질문하는 내용을 정리했습니다. 이모티콘과 관련된 질문을 크게 작업할 때와 제안할 때 그리고 출시할 때로 나누어 정리하였으며 굿즈와 관련된 질문에 대한 답변까지 추가로 공개합니다.

이모티콘을 작업할 때 많이 하는 질문

Q 포토샵에서 GIF 파일로 저장하면 이모티콘 주변에 흰 테두리가 생겨요.

A 이모티콘을 제안하기 위해 포토샵에서 GIF 파일로 이모티콘을 저장할 때는 배경을 흰색으로 설정한 후 저장해야 합니다. 만약 이모티콘의 특징을 살리기 위해 투명 배경으로 저장해야 한다면 [파일] – [내보내기] – [웹용으로 저장]에서 [매트]를 '없음'으로 설정한 후 저장합니다.

Q 움직이는 이모티콘의 동작이 어색해요.

A 움직이는 이모티콘의 동작을 자연스럽게 만드는 것은 어려운 작업입니다. 움직이는 이모티콘의 동작이 어색할 때는 동작을 더 세부적으로 나누거나 프레임 사이에 다른 프레임을 추가하는 것이 좋습니다. 동작을 어색하게 만드는 프레임은 과감히 삭제합니다.

Q 이모티콘 캐릭터의 자세를 그리기 어려워요.

A 이모티콘 캐릭터를 잘 그리기 위한 방법은 딱 한 가지입니다. 그리는 연습을 많이 하는 것입니다. 다른 이모티콘 캐릭터나 만화 캐릭터 등의 자료를 찾아 보고 다양한 동작을 따라 그려 봅니다. 많은 자세를 공부하고 연습하면 자연스럽게 실력이 늘어납니다.

이모티콘을 제안할 때 많이 하는 질문

Q 시즌 이모티콘을 제안하고 싶어요.

A 크리스마스, 명절 등에 사용할 수 있는 시즌 이모티콘을 제안하고 싶다면 적어도 4개월 전에 제안하는 것을 추천합니다. 승인된 이후에 계약, 상품화 작업 등의 과정을 거쳐야 합니다.

Q 이미 제안했는데 시안에서 실수를 발견했어요.

A 이모티콘을 제안했는데 뒤늦게 실수를 발견하는 경우가 있습니다. 작은 실수 정도는 승 인을 받는 데 크게 영향을 미치지 않습니다. 그래도 실수한 부분을 수정해서 제안하고 싶다면 마지막에 제안한 시안으로 심사 받기 때문에 실수를 수정한 후 다시 제안해도 좋 습니다.

Q 제안 결과는 언제 나오나요?

A 제안 결과는 최대 2주 정도 후에 알 수 있습니다. 이모티콘 관련 카페나 오픈채팅방에서 활동하면 승인 메일이 언제 도착하는지 대략적으로 알 수 있습니다.

Q A 플랫폼에서 출시한 이모티콘을 B 플랫폼에 제안해도 되나요?

A 플랫폼마다 제안 가이드가 다릅니다. 카카오 이모티콘 스튜디오의 경우 카카오 이모티콘 으로 출시한 이모티콘을 다른 곳에서 출시할 수 없습니다. 제안하려는 플랫폼에 문의하면 더 정확한 정보를 얻을 수 있습니다.

이모티콘을 출시할 때 많이 하는 질문

Q 이모티콘을 출시한 후에 제목이나 작가명을 바꿀 수 있나요?

A 카카오 이모티콘은 승인이 확정된 후 제목이나 작가명을 바꿀 수 없습니다. 이모티콘을 출시하기 전에 제목이나 작가명을 신중하게 결정합니다.

Q 이모티콘으로 얻는 수익이 궁금해요.

A 플랫폼마다 이모티콘 수익이 매우 다르기 때문에 단정지어 말씀드릴 수는 없지만 한두 개의 이모티콘만으로는 많은 수익을 얻기 어렵습니다. 작업을 꾸준히 하면서 제안을 많이 하고 출시하는 이모티콘이 많아지면 그만큼 수익도 올라가게 됩니다.

Q 이모티콘을 출시한 후에 사업자 등록을 해야 할까요?

A 사업자 등록이 필수는 아닙니다. 사업자가 있어도 개인으로 계약해서 원천징수가 가능하며 개인으로 계약한 이후에 사업자로 재계약할 수 있습니다. 세금, 정산 등과 관련된 부분이기 때문에 상황에 맞게 선택하면 됩니다.

Q 이모티콘을 출시한 후에 저작권을 등록해야 할까요?

A 저작권 등록은 필수는 아니지만 하는 것이 좋습니다. 출시한 이모티콘 캐릭터가 도용되는 일이 발생했을 때 저작권을 등록해 놓으면 보호받을 수 있기 때문입니다. 저작권 등록은 한국저작권위원회(www.copyright.or.kr/main.do)에서 등록할 수 있습니다.

굿즈 관련 많이 하는 질문

Q 굿즈의 실제 색상과 화면에서 보이는 색상이 달라요.

A 굿즈의 종류와 선택한 업체에 따라 인쇄가 다르게 나올 수 있습니다. 최대한 오차를 줄이기 위해서는 'C100'이나 'Y100' 또는 'M100'으로 인쇄한 종이를 화면 앞에 두고 비교해 가면서 모니터의 색상을 조정하면 오차를 줄일 수 있습니다.

Q 업체에서 굿즈의 칼선이 너무 복잡하다고 해요.

A 칼선의 앵커 포인트 개수가 많거나 복잡하면 업체에서 파일을 다시 요청할 수 있습니다. 그럴 때는 일러스트레이터에서 칼선을 선택하고 메뉴바의 [오브젝트] – [패스 단순화]를 클릭하면 됩니다.

Q 굿즈를 판매할 때 사업자 등록을 해야 할까요?

A 굿즈 판매를 계속할 계획이라면 사업자 등록을 필수로 해야 합니다. 굿즈를 판매해서 수익을 얻은 후 소득 신고를 하지 않으면 탈세로 이어질 수 있습니다. 초반에는 간이과세자로 등록하는 것을 추천합니다. 만약 굿즈를 온라인으로 판매한다면 통신판매업 신고도 함께 해야 합니다.

이모티콘은 온라인 대화에서 분위기를 전환하거나 사람의 감정을 대변하는 하나의 수단으로 최근에는 이모티콘 만들기에 도전하는 사람들이 많아지고 있습니다. 본격적으로 이모티콘을 만들어 보기 전에 먼저 이모티콘에 대한 전반적인 내용을 살펴보고, 이모티콘 작가가 되기 위해 필요한 준비물을 알아보겠습니다.

PART 01

이모티콘 시작하기

이모티콘 알아보기

사람들이 이모티콘을 사용하는 이유와 이모티콘의 필수 요소를 알아보고 이모티콘을 제안할 수 있는 여러 플랫폼과 시장 상황을 살펴보겠습니다.

이모티콘을 사용하는 이유

여러분이 생각하는 이모티콘은 무엇인가요? 이모티콘(Emoticon)은 'Emotion(감정)'과 'Icon(기호)'의 합성어로 온라인에서 사용자의 감정이나 상황을 표현해 주는 하나의 수단입니다. 얼굴 표정과 목소리를 전달할 수 없는 온라인 대화에서 이모티콘으로 감정과 상황을 표현할 수 있습니다.

그럼 과거에는 이모티콘이 아예 없었을까요? 아닙니다. 그림 이모티콘이 등장하기 전에는 '〉ㅁ〈', '^-^', 'ㅠ_ㅠ' 등과 같이 키보드로 입력할 수 있는 텍스트 이모티콘이 주로 사용되었고 이후 그래픽 기술과 디자인 프로그램이 업그레이드되면서 최근에 자주 볼 수 있는 그림 이모티콘으로 발전하였습니다. 그림 이모티콘도 초반에는 얼굴 표정이나 단순한 그림 형태였지만, 애니메이션이 추가되면서 다채로운 형식의 이모티콘으로 발전하였습니다. 그렇다면 사람들은 이모티콘을 왜 사용할까요? 사람들이 이모티콘을 사용하는 여러 가지 이유를 알아보겠습니다.

명확한 의미 전달

▲ 웃는 이모티콘의 '네' vs 우는 이모티콘의 '네'

이모티콘은 비대면 대화에서 감정과 상황을 대신 표현해 주고 명확한 의미를 전달해 줍니다. 예를 들어 웃는 이모티콘의 '네'와 우는 이모티콘의 '네'가 있으면 웃는 이모티콘은 긍정적인 표현으로 사용할 수 있고, 우는 이모티콘은 부정적인 표현으로 사용할 수 있습니다. 단순히 '네'만 적었을 때는 어떤 감정인지 알 수 없지만 이모티콘을 함께 사용하면 사용자의 감정과 의사를 명확하게 전달할 수 있습니다.

대화의 분위기 전환

이모티콘은 대화의 분위기를 환기시켜 주기도 합니다. 문자로만 전달하면 자칫 무거울 수 있는 대화를 가볍고 편하게 만들어 주며 대화의 분위기도 부드럽게 풀어 줍니다.

나 자신을 표현

이모티콘은 저마다의 콘셉트와 개성이 있고 사용자의 취향 또한 확고합니다. 사람들은 자신과 비슷한 외형, 성격, 느낌을 가진 이모티콘 캐릭터를 통해 자신을 표현하거나 좋아하는 이모티콘을 시리즈별로 모아서 사용하기도 합니다.

이모티콘의 필수 요소 알아보기

이모티콘은 캐릭터 일러스트가 아닌 하나의 상품입니다. 그림을 그리듯이 단순하게 이모티콘을 만들기 보다 상품으로 생각하며 소비자들이 잘 사용할 수 있게 만들어야 합니다. 그러기 위해서는 이모티콘을 만들기 전에 필수 요소를 알고 가야 합니다. 필자가 생각하는 이모티콘의 필수 요소는 대중성, 실용성, 독특성, 통일성 네 가지입니다.

대중성

이모티콘의 가장 중요한 요소는 대중성입니다. 대중성은 내가 만든 이모티콘을 사람들이 좋아할지, 누가 사용할지 생각해 보는 것입니다. 이모티콘은 판매되는 상품이기 때문에 사람들이 좋아할 만한 캐릭터로 만드는 것이 좋습니다. 이모티콘 캐릭터의 대부분이 동물이나 사람 캐릭터인 이유는 사람들이 동물이나 사람 캐릭터에 쉽게 호감을 느끼기 때문입니다. 그러므로 구매자의 입장에서 대중성을 생각하며 만드는 것은 중요합니다.

내가 만든 이모티콘의 대중성이 궁금하다면 가까운 지인들에게 이모티콘을 보내 반응을 확인해 봅니다. 더 객관적으로 대중성을 확인하기 위해 SNS에 캐릭터 일러스트나 짧은 웹툰을 올려서 반응을 보거나 이모티콘 작가들과 지망생이 이용하는 카페, 커뮤니티, 오픈 채팅방 같은 곳에서 피드백을 받아 볼 수도 있습니다.

실용성

실용성은 이모티콘의 쓸모를 생각해 보는 것입니다. 이모티콘이 실제 사용된다고 가정했을 때 오해할 만한 요소는 없는지 표현은 올바른 것인지 점검해 보면 됩니다. 이모티콘은 단순히 귀여움과 재미에서 끝나지 않고 이모티콘을 사용하는 사람의 감정표현을 대신해 주거나 부가적으로 도와줄 수 있어야 합니다. 주로 일상적인 대화에서 이모티콘이 사용되기 때문에 평소에 사용할 수 있는 표현이 부족하면 실용성이 떨어질 수 있습니다. 실용성이 떨어지는 표현이 조금 들어가는 것은 괜찮지만 캐릭터 일러스트처럼 캐릭터를 예쁘게 그리는 것에만 집중하지 않도록 주의합니다.

독특성

독특성은 자신의 이모티콘이 다른 이모티콘 사이에서 주목을 받을 수 있는지 생각해 보는 것입니다. 이모티콘의 홍수 속에서 살아남기 위해서는 캐릭터, 콘셉트, 성격, 그림체 등에 나만의 개성이 있어야 합니다. 그리고 다른 이모티콘과 겹치지 않도록 독특한 스토리가 있는 것이 좋습니다. 그렇다고 너무 독특하기만 하면 오히려 독이 될 수 있으니 대중성과 독특함이 골고루 섞여 있는 것이 좋습니다.

통일성

통일성은 이모티콘을 한눈에 봤을 때 한 세트의 이모티콘으로 보이는지 생각하면 됩니다. 이모티콘의 콘셉트에 맞게 시안이 어느 정도 통일돼야 하고 캐릭터나 이모티콘 요소들의 부피감이 비슷해야 합니다. 이모티콘의 시안을 통일하려면 시안을 그리기 전에 미리 콘셉트와 성격에 맞는 표현을 메모해 둡니다. 이모티콘의 부피감은 대표 캐릭터를 맨 아래에 깔고 그 위에 다른 동작을 그리면 비슷하게 그릴 수 있습니다.

앞으로 이모티콘을 제작할 때 이 네 가지 필수 요소를 기억해 두면 이모티콘의 퀄리티가 향상될 것입니다. 상품성이 떨어지는 이모티콘은 미승인받기 쉽고 출시되고 나서도 순위권에 진입하기 어렵습니다. 이모티콘은 작가 개인의 작품인 동시에 판매하는 상품인 것을 꼭 기억하며 작업하길 바랍니다.

이모티콘 플랫폼 구경하기

이모티콘을 출시할 수 있는 플랫폼은 카카오톡뿐만 아니라 네이버 계열의 밴드, 라인, OGQ마켓 그리고 그 외의 다양한 플랫폼이 있습니다. 플랫폼마다 요구하는 이모티콘의 특징이 다르기 때문에 플랫폼별 특징과 제안 가이드를 확인한 후 기획을 달리해야 합니다.

카카오 이모티콘 스튜디오

▲ 카카오 이모티콘 스튜디오(emoticonstudio.kakao.com)

카카오톡은 국내 대표 메신저입니다. 이용하는 사람이 다른 플랫폼에 비해 많기 때문에 이모티콘이 승인되면 가장 수익을 창출하기 좋습니다. 하지만 승인율이 매우 낮고 출시의 문턱이 높은 편이기 때문에 승인을 받기까지 시간이 오래 걸릴 수 있습니다.

종류	멈춰있는 이모티콘	움직이는 이모티콘	큰 이모티콘
개수	총 32개	총 24개	총 16개
형식	PNG 32개(투명배경)	PNG 21개(투명배경) GIF 3개(흰색배경)	PNG 13개(투명배경) GIF 3개(흰색배경)
제작 크기	360x360 px		정사각형 540×540 px 가로형 540×300 px 세로형 300×540 px
용량	각 150KB 이하	각 650KB 이하	각 1MB 이하
프레임 수	–	24프레임 이내	
해상도 / 컬러모드	72dpi / RGB		

▲ 카카오 이모티콘 스튜디오 제작 가이드

카카오 이모티콘으로 승인을 받은 후에는 상품화 과정을 거쳐야 합니다. 상품화 과정은 이모티콘을 디지털 기기에서 사용할 수 있도록 최종적으로 파일을 제작하는 단계입니다. 개인마다 작업 속도가 다르기 때문에 차이가 있을 수 있지만 기본적으로 첫 계약 과정이 1개월, 제작 과정이 약 1~3개월, 최종 파일을 제출한 후 출시되기까지 약 2~3개월 걸리게 되어 전체적으로 3개월 이상의 시간이 소요됩니다. 카카오톡은 메신저 위주의 플랫폼이기 때문에 대화형 이모티콘 위주로 제작하는 것을 추천합니다. 카카오와 연동된 다음 카페, 웹툰, 뉴스 등의 댓글에서도 이모티콘이 사용되기 때문에 이런 플랫폼을 공략하여 이모티콘을 제작해도 좋습니다.

네이버 밴드 스티커샵

▲ 네이버 밴드 스티커샵(partners.band.us/partners/sticker)

네이버 밴드는 국내에서 사용하는 모임 형식의 플랫폼입니다. 밴드는 카카오톡처럼 전 연령대가 사용하기보다 사용자의 연령층이 높은 편이며 카카오톡 다음으로 승인율이 낮은 편입니다. 승인을 받으면 상품화 과정을 거친 후 출시하게 됩니다.

종류	멈춰있는 이모티콘	움직이는 이모티콘
개수	총 5개	총 8개
형식	멈춰있는 PNG 이미지 5개	멈춰있는 PNG 이미지 5개 움직이는 GIF 이미지 3개
제작 크기	370x320 px	
해상도 / 컬러모드	72dpi / RGB	

▲ 네이버 밴드 스티커샵 제작 가이드

밴드는 채팅하는 메신저 느낌보다 모임에서 사용될 만한 내용으로 이모티콘을 제작하는 것이 좋습니다. 간단하게 이모티콘으로 댓글을 남길 때 사용하기 좋아야 하고 사용자 연령층이 높은 편이기 때문에 공손하고 친절한 느낌의 이모티콘과 익살스러운 느낌의 이모티콘이 인기가 많습니다.

라인 크리에이터스 마켓

▲ 라인 크리에이터스 마켓(creator.line.me/ko/)

라인은 전 세계 사람들이 사용하는 글로벌 메신저입니다. 다양한 나라의 사람들이 사용하고 있지만 우리나라의 사용자 수는 적은 편입니다. 승인율이 매우 높기 때문에 제작 가이드에 맞게만 제안하면 대부분 승인을 받아 상품화 과정 없이 출시할 수 있습니다. 하지만 그만큼 출시되는 이모티콘이 너무 많기 때문에 높은 수익을 기대하기 어렵습니다.

종류	멈춰있는 이모티콘	움직이는 이모티콘
개수	8, 16, 24, 32, 40개 중 선택	8, 16, 24개 중 선택
형식	PNG	APNG
제작 크기	최대 370x320 px	최대 320x270 px
용량	각 1MB 이하	각 300KB
프레임 수	−	5~20프레임
해상도 / 컬러모드	72dpi / RGB	

▲ 라인 크리에이터스 마켓 제작 가이드

라인도 카카오톡과 같이 메신저 플랫폼이기 때문에 대화형 이모티콘을 제작하는 것이 좋습니다. 국내뿐만 아니라 해외에서도 사용되기 때문에 멘트 없이 만들거나 영어, 일본어 등의 언어별로 이모티콘을 제작하는 것이 좋습니다.

네이버 OGQ마켓

▲ 네이버 OGQ마켓(oggmarket.naver.com)

네이버 OGQ마켓은 네이버 카페나 블로그 등에서 사용하는 이모티콘을 출시하는 플랫폼입니다. 네이버 뿐만 아니라 아프리카TV(www.afreecatv.com)의 방송 채팅창에서도 이모티콘이 사용되는 것이 특징 입니다. 이모티콘을 제안하면 심사 과정을 거친 후 상품화 과정 없이 출시됩니다. 예전에는 이모티콘을 제안하면 대부분 승인되었지만, 최근에는 승인율이 조금 낮아졌습니다. 무분별하게 상품성이 낮은 이모 티콘을 출시하지 않고 이전보다 상품성이 높은 이모티콘을 출시하기 위함으로 보입니다.

종류	멈춰있는 이모티콘	움직이는 이모티콘
개수	24개	
형식	PNG	GIF
제작 크기	740x640 px	
용량	각 1MB 이하	
프레임 수	–	100프레임 이하
해상도 / 컬러모드	72dpi 이상 / RGB	

▲ 네이버 OGQ마켓 제작 가이드

메신저에서 사용되는 것이 아니라 블로그에 포스팅하는 글이나 카페 게시글, 아프리카TV의 채팅창에서 사용되기 때문에 타깃과 용도를 확실히 정해서 제안하는 것이 좋습니다.

그 외

앞서 말씀드린 대표적인 플랫폼 이외에도 비트윈(between.us), 모히톡(stickerfarm.mojitok.com), 스티팝(studio.stipop.io), 이모틱박스(studio.emoticbox.com) 등 다양한 플랫폼이 있습니다. 보통 제일 인기 있는 카카오 이모티콘 스튜디오에 제안한 후 미승인을 받으면 수정하여 다른 플랫폼에 제안하는 편입니다. 이모티콘을 제안해 볼 플랫폼은 많이 있으니 먼저 카카오 이모티콘 스튜디오를 1순위로 염두해 두고 열심히 작업해 보는 것을 추천합니다.

이모티콘 시장의 지속적인 발전

이모티콘 시장은 누구나 쉽게 도전할 수 있어 많은 사람이 이모티콘 만들기에 도전하고 있습니다. 최근 이모티콘 시장이 어떻게 발전하고 있는지와 이모티콘을 만들면 어떤 사업에 도전할 수 있는지 알아보겠습니다.

누구나 도전 가능한 이모티콘 시장

이모티콘은 어느새 우리 주변에서 쉽게 찾아 볼 수 있는 콘텐츠가 되었습니다. 많은 사람이 SNS와 온라인 채팅에서 이모티콘을 사용하고 이모티콘 캐릭터로 만든 굿즈의 수요도 증가하고 있습니다. 그중 우리가 자주 사용하는 카카오 이모티콘은 2011년에 첫 판매를 시작해 10년이 넘는 시간 동안 꾸준히 판매를 이어오고 있습니다. 카카오 이모티콘의 출시 10주년을 맞아 카카오에서 발표한 통계자료를 보면 2021년 기준, 누적 이모티콘 수는 약 30만 개 정도이며, 누적 발신량은 2,200억 건을 넘어섰습니다. 이 통계 자료를 통해 정말 많은 사람이 이모티콘을 사용하고 있다는 것을 알 수 있고 이모티콘 시장의 성장 가능성을 살펴볼 수 있습니다.

▲ 출처: 카카오

이모티콘은 성별과 연령에 상관없이 누구나 제작할 수 있기 때문에 이모티콘 시장의 창작자는 해마다 늘고 있습니다. 초기에는 소수의 베테랑 작가만 활동했다면 요즘에는 낙서 스타일의 단순한 그림으로도 이모티콘을 만들 수 있어 학생, 직장인, 주부 등 도전 의식만 있다면 누구나 이모티콘을 만들 수 있습니다. 누군가는 이모티콘 시장을 레드오션이라 칭하며 도전하기에 늦었다고 말합니다. 하지만 조금만 생각을 전환해 본다면 그래서 또 부딪혀 볼 만한 영역이기도 합니다. 인기있는 이모티콘이 시장을 점유하는 독점 구조가 아니기 때문입니다. 초보 작가여도 톡톡 튀는 발상으로 이모티콘을 만들어 출시하면 단숨에 인기를 얻을 수 있는 곳입니다. 여러분도 포기하지 않고 계속해서 이모티콘을 제안하면 분명 좋은 결실을 맺을 수 있습니다.

이모티콘 플러스

최근 카카오에서 '이모티콘 플러스'라는 이모티콘 정기 구독 상품을 출시했습니다. 이모티콘을 무제한으로 사용할 수 있고 채팅방에서 키워드를 작성하면 자동으로 이모티콘을 추천해 주는 서비스입니다. 이전에는 내가 좋아하는 이모티콘을 하나씩 구매해 모아야 했지만 이제는 구독 서비스로 수백 개의 다양한 이모티콘을 사용할 수 있게 되었습니다.

이모티콘 플러스가 출시되고 이모티콘 작가에게도 새로운 기회가 생겼습니다. 키워드 사용이 중요해진 만큼 이모티콘 플러스를 겨냥해 역으로 이모티콘을 제안할 수 있게 된 것입니다. 이전에는 인기 있는 캐릭터 이모티콘 위주로 홍보해 줬다면 이제는 키워드마다 관련된 이모티콘을 추천해 주기 때문에 키워드를 타깃으로 이모티콘을 제작해 볼 수 있습니다.

이모티콘 캐릭터 사업

이모티콘 시장의 장점은 캐릭터 사업에도 도전할 수 있는 것입니다. 이모티콘 캐릭터로 IP(Intellectual Property) 사업을 할 수도 있고, 굿즈를 제작하여 판매할 수도 있습니다. 또는 애니메이션, 게임, 만화 등 다른 콘텐츠로도 영역을 넓힐 수 있습니다.

▲ 에엥이 씰스티커, 동전 지갑, 마스킹 테이프 굿즈 상품

이처럼 이모티콘 시장은 점점 커져가고 있으며 앞으로의 이모티콘 시장은 더욱 성장할 것입니다. 본격적으로 이모티콘을 만들기 전에 여러분들께 당부드릴 것은 너무 수익만 바라보고 이모티콘 시장에 뛰어들지 않았으면 좋겠습니다. '이모티콘 작가들의 억대 연봉'과 같은 언론 기사들로 인해 이모티콘 만들기에 도전하는 사람들이 늘어나고 있지만, 이모티콘으로 높은 수익을 내는 작가들은 정말 소수에 불과하기 때문에 수익만 바라보고 이모티콘 만들기에 도전했다가 실망할 수 있습니다.

초반에는 수익보다는 재미, 뿌듯함 등 다른 목표를 가지고 작업하는 것을 추천합니다. 바로 본업으로 뛰어들기보다 취미와 부업으로 시작해 어느 정도 안정되었을 때 본업으로 바꿔도 좋습니다. 꾸준히 작업하다 보면 수익은 자연스럽게 따라오기 때문에 항상 즐겁게 작업하는 것이 중요합니다.

CHAPTER 02
이모티콘 만들기에 필요한 준비물

이모티콘을 만들기 위해 필요한 준비물은 크게 드로잉 도구와 그래픽 프로그램이 있습니다. 그래픽 프로그램은 디지털 작업을 할 때 필요한 것으로 다양한 그래픽 프로그램 중 자신에게 맞는 프로그램을 골라 사용합니다.

드로잉 도구

이모티콘을 제작하기에 앞서 아이디어를 스케치할 수 있는 스케치 노트와 펜 등 기본적인 도구를 준비해야 합니다. 초반에는 스케치 노트와 펜으로 이모티콘 작업이 가능하지만 이모티콘은 디지털 콘텐츠이기 때문에 디지털 드로잉을 할 수 있는 도구도 필요합니다.

스케치 노트 & 펜

아이디어를 스케치할 수 있는 스케치 노트와 펜이 필요합니다. 이모티콘과 관련된 아이디어가 생각날 때마다 바로 그릴 수 있도록 휴대하기 좋은 크기의 스케치 노트를 가지고 다니는 것을 추천합니다. 기존에 사용하던 노트에 스케치해도 되고 스케치 전용 노트를 새롭게 준비해도 좋습니다. 멈춰있는 이모티콘을 만들 것이라면 32개의 이모티콘을 스케치해 보고, 움직이는 이모티콘을 만들고 싶다면 24개의 이모티콘을 스케치해 봅니다.

디지털 드로잉 도구

이모티콘은 디지털 콘텐츠이기 때문에 디지털 드로잉을 위한 도구가 필요합니다. 다양한 디지털 드로잉 도구 중 아이패드의 사용을 권장합니다. 아이패드는 애플 펜슬을 이용해 종이에 그림을 그리는 것처럼 태블릿 화면에 직접 그림을 그릴 수 있고, 이모티콘 제작 프로그램인 프로크리에이트 앱을 실행할 수 있어 많은 작가들이 사용하는 도구입니다. 책에서도 주로 아이패드를 이용한 작업을 보여드릴 예정입니다. 컴퓨터에서도 그래픽 프로그램을 이용해 이모티콘을 그릴 수 있지만 초보자가 마우스로 정교한 선을 그리기에 무리가 있기 때문에 펜슬이 부착된 태블릿 PC를 사용할 것을 추천합니다.

이모티콘 제작 프로그램

이모티콘을 제작할 수 있는 프로그램은 다양합니다. 제안하고자 하는 플랫폼에서 요구하는 파일 형식에 맞게 제작할 수 있다면 어떤 프로그램이든 사용해도 좋습니다. 이모티콘 만들기에 가장 많이 사용되는 프로그램 위주로 각 프로그램의 특징을 살펴보겠습니다.

프로크리에이트

프로크리에이트는 대표적인 아이패드 드로잉 앱으로 이모티콘을 제작할 때 자주 사용되는 프로그램입니다. 2023년 기준 한화로 19,000원에 구매할 수 있고, 한 번 구매하면 평생 사용할 수 있습니다. 프로크리에이트는 비트맵 형식의 프로그램으로 인터페이스가 매우 직관적이어서 초보자도 쉽게 사용할 수 있습니다. 가장 최근에 업데이트된 버전 5부터는 애니메이션 어시스트 기능을 이용해 움직이는 이모티콘까지 제작할 수 있게 되었습니다.

하지만 이모티콘이 승인된 이후에 최종 파일을 포토샵에서 작업하여 PSD 형식으로 제출해야 하기 때문에 최종 파일까지 프로크리에이트로 작업하기에는 어려움이 있습니다.

포토샵

포토샵은 모든 그래픽 작업에 있어 가장 기본적으로 사용되는 프로그램입니다. 이모티콘 작업을 처음부터 끝까지 포토샵만으로 완성할 수 있습니다. 포토샵은 비트맵 형식의 프로그램이며 타임라인 기능이 있어 움직이는 이모티콘도 제작할 수 있습니다.

'카카오 이모티콘 스튜디오'나 '네이버 밴드 스티커샵'과 같이 이모티콘이 승인된 후 상품화 과정을 거치는 플랫폼은 최종 파일을 포토샵에서 작업한 후 PSD 형식으로 제출해야 합니다. 그렇기 때문에 이모티콘 작업에 있어 필수적인 프로그램이라고 볼 수 있습니다. 초보자들도 입문하기 쉬운 프로그램이기 때문에 사용 방법을 알아 두는 것이 좋습니다.

일러스트레이터

일러스트레이터는 벡터 형식의 대표적인 프로그램입니다. 깔끔한 선을 그리기 비교적 쉽기 때문에 디지털 드로잉에 익숙하지 않은 초보자도 깔끔한 이모티콘을 만들 수 있습니다. 하지만 애니메이션 기능이 따로 없기 때문에 움직이는 이모티콘을 작업할 때는 포토샵같은 프로그램으로 옮겨서 작업해야 하는 번거로움이 있습니다.

일러스트레이터는 아무리 수정하고 확대해도 깨지지 않는 특징 때문에 굿즈를 제작할 때 주로 사용됩니다. 만약 이모티콘이 승인되고 나서 굿즈 만들기에 도전할 것이라면 사용 방법을 알아 두는 것이 좋습니다.

클립스튜디오

클립스튜디오는 벡터 형식과 비트맵 형식의 작업이 모두 가능한 프로그램으로 주로 이모티콘 작가나 웹툰 작가들이 많이 사용하고 있습니다. 컴퓨터, 아이패드, 갤럭시 탭 등의 기기에서 모두 사용 가능합니다. 특히 이전 프레임을 보여주는 '어니언 스킨' 기능이 있어 움직이는 이모티콘을 작업할 때 효율적으로 사용할 수 있습니다.

클립스튜디오는 PRO 버전과 EX 버전으로 나뉩니다. PRO 버전은 최대 프레임 수가 24개이고, EX 버전은 프레임 개수에 제한이 없습니다. 이모티콘은 PRO 버전으로 충분히 작업할 수 있습니다.

비트맵과 벡터란?

컴퓨터와 같이 전자 기기의 화면은 픽셀(Pixel)이라는 단위로 구성되어 있습니다. 비트맵 형식은 수많은 픽셀로 이루어진 자연스러운 그래픽으로 다양한 색상을 표현할 수 있다는 장점이 있지만, 이미지를 확대하면 계단 현상이 일어나며 깨질 수 있다는 단점이 있습니다. 반면에 벡터 형식은 이미지가 점, 선, 면으로 이루어진 깔끔한 그래픽으로 아무리 확대해도 깨지지 않는 장점이 있지만, 다양한 색상을 표현할 수 없다는 단점이 있습니다. 이모티콘을 작업할 때 손으로 그린 느낌의 이모티콘을 만들고 싶다면 비트맵 형식의 프로그램을 사용하고, 더 깔끔하고 크기 변형이 쉬운 작업을 하고 싶다면 벡터 형식의 프로그램을 사용하면 됩니다.

▲ 확대해도 깨지지 않는 벡터

▲ 확대하면 깨지는 비트맵

이모티콘 제작 과정 미리보기

이모티콘 제작 과정은 작가마다 다를 수 있습니다. 필자의 경험을 바탕으로 이모티콘을 출시하기까지의 제작 과정을 크게 '사전 준비', '콘셉트 방향으로 기획하기', '캐릭터 방향으로 기획하기', '타깃과 제목 정하기', '시안과 멘트 구상하기', '이모티콘 제작하기', '다양한 플랫폼에 제안하기', '승인/미승인' 단계로 정리해 보았습니다. 이모티콘을 만들기 전 이모티콘의 전체적인 제작 과정을 살펴봅시다.

✓ 사전 준비

① 도구와 프로그램 준비
가장 기본적인 첫 단계입니다. 자신에게 맞는 도구와 프로그램을 정하고 이모티콘 만들기를 본격적으로 준비합니다.

② 기획 방향 정하기
이모티콘의 기획 방향을 정합니다. 이모티콘은 '콘셉트 방향'과 '캐릭터 방향'으로 나눠서 기획할 수 있습니다.

✓ 콘셉트 방향으로 기획하기

① 아이디어 구상
'콘셉트 방향으로 기획하기'는 이모티콘에서 가장 중요하다고 할 수 있는 콘셉트를 먼저 정하고 아이디어를 구상하는 것입니다. 주변과 일상에서 아이디어를 얻고, 사람들에게 공감을 얻을 수 있는 콘셉트를 찾아 봅니다.

② 캐릭터 제작
콘셉트에 어울리는 캐릭터를 제작합니다. 캐릭터가 콘셉트에 맞는지 체크하며 제작해야 합니다.

✓ 캐릭터 방향으로 기획하기

① 캐릭터 구상
'캐릭터 방향으로 기획하기'는 평소에 생각해 두었던 캐릭터나 생각나는 대로 그린 캐릭터를 구체화하는 것입니다. 일단 그려보면서 다양한 캐릭터를 스케치해 보고 구체적으로 이모티콘 캐릭터를 구상합니다.

② 성격, 정체성 구상
캐릭터에 성격과 정체성을 부여해 줍니다. 이때 부여한 캐릭터의 성격과 정체성이 이모티콘의 콘셉트가 될 수 있습니다.

✓ 타깃과 제목 정하기

콘셉트와 캐릭터를 정했다면 타깃과 제목을 정해야 합니다. 이모티콘을 잘 사용할 것 같은 타깃을 정하고, 이모티콘을 한눈에 설명할 수 있는 제목을 정합니다. 제목은 맨 처음에 정해도 되고, 맨 마지막에 정해도 되지만 처음에 대략적으로 정해두면 보다 완성도 높은 이모티콘을 만들 수 있습니다.

✓ 시안과 멘트 구상하기

이모티콘 콘셉트와 캐릭터 성격에 맞는 시안과 멘트를 구상합니다. 활용도가 높고 공감되는 멘트일수록 좋습니다.

✓ 이모티콘 제작하기

① 콘티 제작 & 러프스케치

이모티콘을 제안할 플랫폼의 제작 가이드에 맞춰 다양하게 스케치해 봅니다. 스케치가 다양할수록 많은 콘티가 나오기 때문에 부담 갖지 말고 자유롭게 그려 봅니다.

② 디지털 드로잉

러프스케치를 디지털 드로잉 도구와 그래픽 프로그램으로 깔끔하게 다듬어 줍니다.

✓ 다양한 플랫폼에 제안하기

열심히 제작한 이모티콘을 다양한 플랫폼에 제안합니다. 플랫폼마다 제안 가이드가 다르기 때문에 꼼꼼하게 확인한 후 제안합니다.

✓ 승인/미승인

① 승인

만약 카카오 이모티콘 스튜디오에서 승인을 받으면 계약과 상품화 과정을 거친 후 이모티콘을 출시하게 됩니다. 출시를 기다리는 동안 새로운 이모티콘을 준비하기도 하고, 이모티콘을 홍보합니다.

② 미승인

아쉽게도 미승인을 받으면 다시 수정해서 제안하거나 새로운 이모티콘을 제작합니다. 혼자서 수정하는 것이 어렵다면 이모티콘 카페나 오픈채팅방, 강의 등 다양한 곳에서 피드백을 받을 수도 있습니다. 수정할 때는 이모티콘 콘셉트가 약하지 않았는지, 실용성이 떨어지지는 않았는지, 다른 이모티콘들 사이에서 눈에 띄는 캐릭터인지 등 많은 요인을 체크해 보며 수정합니다. 포기하지 않고 계속해서 제안하면 승인받을 수 있습니다.

이모티콘을 제작하기 위해서는 먼저 이모티콘을 기획해야 합니다. 이모티콘 기획하기는 이미 출시되어 있는 이모티콘을 살펴보며 아이디어를 얻고 이모티콘의 콘셉트와 타깃, 제목 등을 구체화하는 단계입니다. 이모티콘을 기획하는 단계에서 점검해야 할 요소를 살펴보겠습니다.

PART 02

이모티콘 기획하기

다양한 이모티콘 살펴보고 아이디어 얻기

이모티콘을 기획하기 위해 이미 출시되어 있는 이모티콘을 살펴보며 이모티콘의 종류와 스타일을 알아보고 일상과 주변에서 아이디어를 얻는 다양한 방법을 살펴보겠습니다.

다양한 이모티콘 종류 알아보기

이모티콘은 '멈춰있는 이모티콘', '움직이는 이모티콘', '큰 이모티콘' 등 다양한 종류가 있습니다. 이모티콘을 제작하기 전에 본인이 기획하려는 이모티콘과 어울리는 종류를 선택해야 합니다. 책에서는 카카오 이모티콘 스튜디오의 제작 가이드를 기준으로 이모티콘의 종류를 살펴보겠습니다.

멈춰있는 이모티콘

32개의 멈춰있는 이미지로 구성된 이모티콘입니다. 멈춰있기 때문에 한눈에 어떤 표현과 메시지를 전달하는지 알 수 있어야 합니다. 한 컷 안에 직관적인 표현을 해야 하므로 제작할 때 애매한 감정표현이나 메시지는 지양하는 것이 좋습니다. 애니메이션 작업이 필요 없기 때문에 아직 애니메이션 작업이 어려운 초보자라면 멈춰있는 이모티콘으로 제안하는 것을 추천합니다.

▲ 디듀-햄쫑이는 종이로 말햄!

움직이는 이모티콘

24개의 움직이는 이미지로 구성된 이모티콘입니다. 감정과 메시지를 움직임으로 표현하기 때문에 멈춰 있는 이모티콘보다 다양하고 생동감 있는 표현을 할 수 있습니다. 24프레임 안에 짧은 애니메이션으로 움직임을 나타내야 하고, 움직이는 속도를 다양하게 하여 빠른 움직임, 느린 움직임, 쫀득한 움직임, 부드러운 움직임 등의 콘셉트를 만들 수 있습니다. 멈춰있는 이모티콘과 다르게 여러 컷을 제작한 후 애니메이션을 만들어야 하기 때문에 작업 기간이 오래 걸리지만 소비자들은 움직이는 이모티콘을 더 선호하는 경향이 있기 때문에 애니메이션 작업을 꾸준히 연습하는 것을 추천합니다.

▲ 6프레임으로 나타낸 움직이는 이모티콘

큰 이모티콘

16개의 큰 이미지로 구성된 움직이는 이모티콘입니다. 기본 크기의 이모티콘보다 넓은 공간에서 다양한 움직임과 재미있는 표현을 할 수 있습니다. 단순히 캐릭터의 크기만 키우기보다 공간을 활용해 다양한 동작을 연출하는 것이 좋습니다. 재미난 이모티콘 종류이지만 기본 이모티콘보다 개수가 적고 가격이 높아 소비자들의 구매율이 떨어지기 때문에 먼저 멈춰있는 이모티콘과 움직이는 이모티콘을 주로 제안해 보고 익숙해졌을 때 새롭게 도전하는 것을 추천합니다.

▲ 기본 이모티콘과 큰 이모티콘의 크기 차이(밤미-쪼꾸매진 아기토끼 뭉지, 보름이와 즐거운 추석 보내세요!)

다양한 스타일의 이모티콘 알아보기

이모티콘을 제작할 때 스타일을 먼저 정하고 캐릭터를 구상하면 완성도 높은 이모티콘을 만들 수 있습니다. 이모티콘의 스타일은 카카오 이모티콘샵(e.kakao.com)의 스타일 메뉴에서 확인할 수 있습니다. '재밌는' 카테고리 아래 '드립치는', '표정이_살아있는', '뼈때리는' 등의 태그가 있고, '귀여운' 카테고리 아래 '애교많은', '동글동글한', '상냥한' 등의 태그가 있습니다. 다양한 태그를 살펴보며 이모티콘 스타일을 연구해 봅니다.

귀여운 스타일의 이모티콘

귀여운 느낌의 이모티콘은 많은 사람이 좋아하는 스타일입니다. 주로 귀여운 캐릭터와 사랑스러운 멘트로 구성되어 있습니다. 이모티콘샵을 보면 말랑말랑하면서 동글동글한 캐릭터가 전 연령대에게 호불호 없이 인기 있는 것을 볼 수 있습니다. 이모티콘 시장에는 이미 귀여운 캐릭터들이 많이 나와 있기 때문에 귀여운 느낌으로 이모티콘을 제작할 계획이라면 자신이 만든 이모티콘 캐릭터만의 독특한 매력이 있어야 합니다.

▲ 디듀-엥ㅋ, 슈야-슈야는 언제나 사랑둥이야, 수짱-말랑말랑 햄랑이

재밌는 스타일의 이모티콘

표현이 웃기거나 재밌는 스타일의 이모티콘입니다. 주로 친구와의 편한 대화에서 사용하고 콘셉트가 강한 이모티콘이 많이 있습니다. 캐릭터뿐만 아니라 감정표현과 멘트, 동작 등에 웃음 포인트가 있어야 합니다. 10~20대는 단순하지만 재밌는 스타일의 이모티콘을 좋아하고, 30~40대는 보다 익살스럽고 움직임이 더 들어간 스타일의 이모티콘을 좋아합니다. 재밌는 스타일의 이모티콘을 만들 때는 연령대에 따라 재미를 느끼는 포인트가 다른 것에 유의하며 제작해야 합니다.

▲ 유랑–파괴왕 오리, 왈–너 눈을 왜 그렇게 떠 5, 오니기리–오니기리 어때?

상냥한 스타일의 이모티콘

상냥한 스타일의 이모티콘은 40~50대에게 인기가 많은 스타일입니다. 주로 응원이나 축하 메시지를 전달하는 멘트로 구성되어 있습니다. 색연필이나 물감으로 그린 듯한 손그림 느낌의 캐릭터로 따뜻하고 감성적인 느낌을 표현하거나 귀여운 캐릭터에 응원하는 메시지를 담고 있는 경우가 많습니다.

다른 이모티콘과 차별화된 이모티콘을 만들어 제안하고 싶다면 이모티콘을 기획하는 단계에서 상냥한 스타일의 이모티콘으로 방향을 잡는 것도 좋은 전략입니다.

▲ 따숲–소단스런 오후의 티타임, 구냥이–해피하삐와 행복한 하루, 밤미–행복한 보라소녀 뽀라미 2

메시지형 스타일의 이모티콘

캐릭터나 그림이 아닌 메시지형 스타일의 이모티콘입니다. 이모티콘에 멘트를 넣어 감정을 표현하고, 전달하는 멘트 자체가 이모티콘입니다. 주로 따뜻하고 다정한 느낌의 메시지를 넣은 이모티콘이 인기가 많습니다.

▲ 꼬노랑–짜라란! 다정한 메시지, 쥐냥–알록달록 예쁜말톡, 쥐냥–반짝반짝 예쁜 말 모음집

다양한 이모티콘 제작 기법 알아보기

2D 기법의 이모티콘 외에 다양한 이모티콘 제작 기법이 있습니다. 2D 기법과 다른 특별한 방법으로 제작된 이모티콘을 살펴보겠습니다.

3D 기법 이모티콘

3D 기법의 이모티콘은 프로크리에이트, 포토샵, 클립스튜디오 등 2D 프로그램이 아닌 마야, C4D, 블렌더, 3D 그림판 등 3D 프로그램을 이용해 제작합니다. 입체감 있는 캐릭터와 더 생동감 있는 동작을 만들 수 있습니다. 2D 작업보다 난이도가 높기 때문에 자주 사용하는 제작 기법은 아니지만 캐릭터 IP 사업으로 확장하기 좋은 제작 기법입니다.

▲ 이동건, 유미의 세포들 스튜디오–안녕, 우리는 3D 유미의 세포들이야!

로토스코핑 기법 이모티콘

로토스코핑 기법은 실물 사진 위에서 외형선을 따라 그려 동작을 만드는 기법입니다. 2등신이나 3등신 캐릭터보다 길쭉한 사람 형태의 캐릭터를 만들 때 주로 사용하고 사실적인 표정을 표현할 수 있습니다. 직접 동영상을 찍고 한 프레임씩 선을 따서 그리는 작업을 하기 때문에 시간이 오래 걸리지만, 자연스러운 움직임과 재미있는 표현으로 인기 있는 이모티콘을 제작할 수 있습니다.

▲ 철새–오두방정 늭에시 2, ⓒ 왈왈왈–둠칫둠칫 바둑이, 찬비–오늘만 사는 박대리

실사 기법 이모티콘

실사 기법은 그림이 아닌 실제 사진과 동영상으로 이모티콘을 제작하는 기법입니다. 주로 반려동물이나 식물, 연예인, 인플루언서 등의 실제 사진이나 동영상으로 이모티콘을 제작합니다.

▲ 샌드박스 네트워크 – [하하하] 나는 삼색이다

다양한 이모티콘 그림체 살펴보기

이모티콘은 그림체에 따라 분위기가 달라집니다. 여러 종류의 이모티콘이 출시되면서 이모티콘의 그림체도 다양해졌습니다. 그림체는 이모티콘의 분위기를 결정하는 중요한 요인이기 때문에 이모티콘을 제작하기 전에 어떤 그림체로 그릴지 생각해 봅니다.

낙서 그림체

일부러 선을 찌글거리게 그리거나 낙서하듯이 삐뚤빼뚤하게 그린 스타일입니다. 단순한 그림체로 10~20대 사이에서 인기가 많습니다. 낙서 그림체 스타일의 이모티콘은 단순한 매력이 있어 점점 인기가 많아지고 있습니다.

▲ 디듀–쮸구리는 당당해!, 문랩–삐뚤빼뚤 아기오구, 유랑–망그러진 곰

깔끔한 그림체

깔끔한 느낌의 일정한 선으로 그린 스타일입니다. 캐릭터의 형태가 잘 보여서 기본적으로 많이 사용하는 그림체입니다. 이모티콘은 한눈에 어떤 표현인지 잘 보여야 하므로 필압이 강한 선 느낌보다 깔끔한 느낌의 그림체로 제작하는 것을 추천합니다.

▲ 디듀–쪼쪼랑 놀아줘라!, 삥삥이–인성 글러먹은 삥삥이, 문랩–나는야 시고르 리트리버

손그림 그림체

일러스트 느낌이나 색다른 느낌의 브러시로 제작하는 스타일입니다. 따뜻하고 감성적인 이모티콘을 만들 수 있으며 깔끔한 그림체의 이모티콘 사이에서 눈에 띌 수 있는 장점이 있습니다.

▲ 하야루비−판다마우스의 소소한 일상, 하야루비−안녕 난 토끼! 토끼는 행복해, 구냥이−쪼꼬미 쪼미

이모티콘의 종류, 스타일, 제작 기법을 정했다면 이모티콘의 주체를 정해야 합니다. 동물, 사람, 사물 등 다양한 주체로 이모티콘을 제작할 수 있습니다. 이모티콘샵을 살펴보면 동물이나 사람이 주체인 이모티콘을 많이 볼 수 있는데 그 이유는 동물이나 사람 이모티콘이 공감이나 호감을 쉽게 얻을 수 있기 때문입니다. 이모티콘 주체와 관련된 내용은 [PART 03 실전! 이모티콘 만들기 〉 CHAPTER 01 이모티콘 캐릭터 만들기 〉 캐릭터 주체 정하기]에서 더 자세하게 소개하겠습니다.

내가 좋아하는 것을 찾기

이모티콘의 종류, 스타일, 제작 기법 등을 정하기 전에 평소에 자신은 어떤 이모티콘을 자주 사용하는지, 좋아하는 스타일은 무엇인지 생각해 봅니다. 인기 있는 스타일로 이모티콘을 제작하는 것도 좋지만 자신이 좋아하는 스타일을 선택하면 더욱 즐겁게 작업할 수 있습니다. 필자는 평소에 귀여운 동물 캐릭터를 좋아해서 대부분 귀여운 동물 캐릭터로 이모티콘을 제작하였습니다. 좋아하면서 잘할 수 있는 스타일을 선택하는 것이 좋습니다.

이모티콘 아이디어 얻기

이모티콘을 기획할 때 가장 중요한 것은 아이디어입니다. 이모티콘은 일상 대화에서 사용되는 콘텐츠이기 때문에 일상 생활과 주변에서 쉽게 아이디어를 얻을 수 있습니다. 한 가지 주의할 것은 재미있는 아이디어일지라도 대화할 때 사용하기 어렵거나 시안으로 만들기 어려운 아이디어는 과감하게 걸러내야 합니다.

일상에서 아이디어 얻기

일상 대화나 주변인들의 행동에서 아이디어를 얻을 수 있습니다. 필자의 이모티콘 중 '해주세요 빌런! 리본토끼 등장!'이라는 이모티콘은 평소 대화 속 '~해주세요'라는 키워드에서 아이디어를 얻었습니다. 이렇게 일상 대화에서 아이디어를 얻어 이모티콘을 제작할 수 있습니다. 노래를 듣고 흥이 나서 춤을 추는 사람을 보고 '흥이 많은'이라는 키워드를 떠올릴 수 있고, 누군가 '집에 가고 싶다'라는 말에 '집순이'라는 키워드가 생각날 수도 있습니다.

▲ 디듀—해주세요 빌런! 리본토끼 등장!

일상 속 생각이 아이디어가 되고 콘셉트가 될 수 있으니 메모를 자주 하는 것이 좋습니다. 아쉬운 아이디어라도 일단 적거나 낙서해 둡니다. 나중에 다른 아이디어와 합칠 수도 있고, 아이디어 하나하나가 결국 자신의 재산이기 때문입니다. 메모할 때는 사진을 찍어도 되고 키워드나 대화를 적어도 좋습니다. 자신이 알아볼 수 있을 정도로만 메모합니다.

주변 인물에서 아이디어 얻기

가족, 친구, 연인 등 주변 인물에서 아이디어를 얻을 수도 있습니다. 주변 인물의 모습이나 주변 인물과 나눈 대화를 참고하는 것입니다. 항상 누워 있는 동생을 보고 '뒹굴거리는'이라는 키워드가 떠올라 아이디어로 사용할 수도 있고, 친구들의 성격, 외형에서도 아이디어를 얻을 수 있습니다.

▲ 실버벨—말랑콩떡 자근콩(남친ver.), 오목조목 정오목—울 아들이 제일 좋아!, 쯔니—온니! 동생와따!

카카오톡 대화방을 살펴보며 주변 인물과 어떤 대화를 하고, 어떤 이모티콘을 사용하는지 연구하는 것도 좋습니다. 일상에서 나눈 대화가 이모티콘 아이디어와 시안 구상에 힌트가 될 수 있기 때문입니다.

반려동물에서 아이디어 얻기

주변 인물뿐만 아니라 함께하는 반려동물을 보고 아이디어를 얻을 수도 있습니다. 실제로 많은 이모티콘 작가들이 자신의 반려동물을 캐릭터화하기도 합니다. 필자 또한 키우고 있던 햄스터가 귀엽게 멈춰 놀란 모습에서 아이디어를 얻어 '엥?'이라는 이모티콘을 제작하였습니다. 강아지의 사랑스러운 행동이나 고양이의 새침한 행동이 이모티콘 캐릭터의 성격이 될 수도 있고, 반려동물의 외형이 이모티콘 캐릭터 외형 구상에 도움이 될 수 있습니다.

▲ 필자가 키우던 햄스터, '엥?' 이모티콘 캐릭터 '에엥이'

반려동물에서 아이디어를 얻을 때 조심해야 할 점은 동물들의 외형이 대부분 비슷하기 때문에 이미 나와 있는 캐릭터와 겹치지 않는지 확인해야 합니다. 이 점을 유의하며 기획하도록 합니다.

유행에서 아이디어 얻기

요즘 유행하는 밈(Meme)이나 유행어, 영상 등의 트렌드에서 아이디어를 얻을 수도 있습니다. 만약 유행에서 아이디어를 얻어 이모티콘을 제작할 것이라면 트렌드에 민감하게 반응하는 것이 좋습니다. 인터넷이나 예능, 유튜브와 SNS 등에서 요즘 유행하는 것은 무엇인지, 요즘 많이 사용되는 것은 무엇인지 시장 조사를 활발하게 하고 관심을 가지며 준비합니다.

유행에서 아이디어를 얻을 것이라면 논란이 있을 수 있는 유행인지 확인해야 하고, 저작권 침해가 일어나지 않게 조심해야 합니다. 또한 출시까지 기본적으로 3~6개월은 걸리기 때문에 유행이 지나지 않도록 빠르게 작업해야 합니다.

마인드맵 활용하기

아이디어를 얻을 때 마인드맵을 활용하는 것도 좋습니다. 마인드맵을 통해 나온 다양한 단어와 키워드로 충분히 기획할 수 있기 때문입니다. 메모하면서 생각난 내용이 콘셉트가 될 수도 있고, 캐릭터의 성격이나 외형이 될 수도 있습니다. 어떤 생각이든 일단 적어보고 그려보는 것을 기억하며 작업합니다.

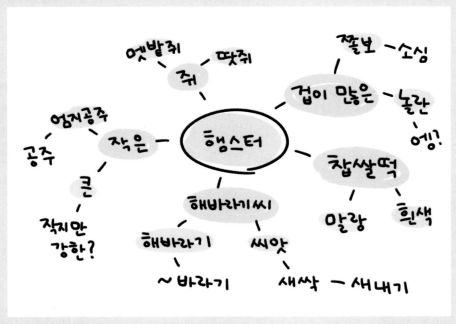

▲ 마인드맵으로 메모하기

CHAPTER 02
이모티콘 구체화하기

이모티콘을 기획하는 방법은 여러 가지가 있습니다. 콘셉트 방향과 캐릭터 방향 중 자신에게 맞는 기획 방향을 찾아 보고 타깃과 제목을 정해서 이모티콘 기획을 구체화합니다.

기획 방향 정하기

이모티콘의 기획 방향을 크게 콘셉트 방향과 캐릭터 방향으로 나눌 수 있습니다. 콘셉트 방향과 캐릭터 방향의 차이점과 방법을 알아보겠습니다.

콘셉트 방향으로 기획하기

콘셉트 방향으로 기획하기는 이모티콘을 기획할 때 먼저 콘셉트를 잡고 시작하는 것입니다. 콘셉트를 잡는 것은 이모티콘을 봤을 때 떠오르는 키워드나 주제를 정하는 것입니다. 이모티콘으로 어떤 말을 전하고 싶은지 고민하고, 독특하고 개성 있는 콘셉트를 생각해야 합니다. 콘셉트를 확실하게 잡으면 단순한 그림체로도 이모티콘을 충분히 제작할 수 있는 것이 콘셉트 방향으로 기획하기의 장점입니다.

콘셉트 방향으로 기획할 때는 콘셉트를 단어나 문장으로 간결하게 쓸 수 있는 것이 좋습니다. 필자의 이모티콘 중 '햄쭝이는 종이로 말햄!'의 콘셉트는 '종이로 말하기'입니다. 스케치북으로 고백하는 것에서 아이디어를 얻었고, 이모티콘 시안은 모두 종이로 감정표현을 할 수 있게 만들었습니다. 이렇게 콘셉트 방향으로 기획한 이모티콘은 한눈에 콘셉트가 보여야 합니다. 여러 단어로 콘셉트를 정할 경우 그 단어들이 어느 정도 연관성 있고 어울려야 합니다.

▲ 디듀–햄쭝이는 종이로 말햄!

콘셉트 방향으로 이모티콘을 기획하면 다른 이모티콘과 차별화된 이모티콘을 쉽게 만들 수 있습니다. 콘셉트로 정한 키워드를 이모티콘에 녹여내면 됩니다. 학생 관련 이모티콘을 만든다고 가정하였을 때 단순히 기본적인 학생 콘셉트의 이모티콘을 제작하기보다 '게으른', 'K–학생', '피곤한', '노는 게 좋은'

등의 구체적인 콘셉트를 부여해 제작하는 것입니다. 그러면 남들과는 다른 학생 콘셉트의 이모티콘을 제작할 수 있습니다.

콘셉트를 정한 후 콘셉트에 어울리는 캐릭터를 제작합니다. 콘셉트에서 파생되는 이미지를 생각하며 캐릭터가 콘셉트와 너무 동떨어지지 않는지 체크하며 제작합니다. 만약 게으른 학생 콘셉트의 이모티콘을 만든다면 캐릭터를 나무늘보나 거북이처럼 느릿느릿한 동물로 제작할 수도 있고 게을러 보이는 학생으로 제작할 수도 있습니다.

캐릭터 방향으로 기획하기

캐릭터 방향으로 기획하기는 이모티콘을 기획할 때 캐릭터에 중점을 두고 기획하는 것입니다. 명확한 콘셉트도 중요하지만 대중적이고 호감형인 캐릭터를 만드는 것도 중요합니다. 캐릭터 방향으로 기획할 것이라면 이모티콘 시안은 누구나 일상에서 자주 사용할 수 있게 구성하는 것이 좋습니다.

어떤 캐릭터든 떠오르는 대로 일단 그려봅니다. 무작정 그린 낙서에서 나만의 캐릭터가 나올 수 있기 때문입니다. 생각나는 대로 여러 가지 캐릭터를 그려본 후 누구나 좋아할 법하고, 기존에 나와 있는 귀여운 캐릭터들 사이에서 어깨를 나란히 할 수 있는 캐릭터를 골라 봅니다. 낙서뿐만 아니라 주변에서 힌트를 얻을 수도 있습니다. 필자도 반려동물인 햄스터가 웅크린 모습이 찹쌀떡과 비슷한 모습에서 힌트를 얻어 찹쌀떡같이 말랑거리고 귀여운 '에엥이' 캐릭터를 제작하였습니다.

▲ '에엥이' 일러스트, 찹쌀떡 같은 반려 햄스터

캐릭터를 제작한 후 캐릭터에 성격과 정체성을 부여해 대략적인 콘셉트를 만들어야 합니다. '삐쟁이', '떼쟁이', '사랑둥이', '애교쟁이' 등 캐릭터의 외형과 어울리는 다양한 성격을 부여해 줍니다. 이때 주의할 점은 너무 복잡한 성격과 스토리를 넣지 않는 것입니다. 이모티콘을 구매하는 소비자와 심사하는 플랫폼은 단지 이모티콘만 볼 뿐이지 이모티콘 캐릭터의 스토리에는 크게 관심이 없습니다. 이모티콘을 제작할 때는 스토리를 단순하게 설정하고, 이모티콘이 출시되고 난 후에 캐릭터 SNS 계정을 만들어 캐릭터와 관련된 스토리를 푸는 방법도 있습니다.

여기서 잠깐!

캐릭터에 자신만의 정체성과 콘셉트 부여하기

이모티콘 시장에는 이미 다양한 캐릭터가 있기 때문에 이모티콘을 기획하는 단계에서 다른 이모티콘의 콘셉트나 캐릭터와 겹치지 않는지 꼭 확인해야 합니다. 자료 조사를 하다가 자신도 모르게 비슷한 캐릭터를 만들 수도 있으니 주의하며 제작합니다. 이미 출시된 이모티콘 중 비슷하게 생긴 캐릭터가 많다고 생각할 수 있지만 자세히 살펴보면 각자 자신만의 정체성이 있기 때문에 출시된 것입니다. 여러분도 캐릭터에 자신만의 정체성과 콘셉트를 부여해야 합니다.

이모티콘 타깃 설정하기

이모티콘의 기획 방향을 정했다면 이모티콘의 타깃을 설정해야 합니다. 이모티콘의 타깃을 설정하는 것은 이모티콘을 누가 사용할지, 어떤 사람들에게 소비될지 체크하는 것입니다. 내가 만든 이모티콘을 모두가 사용하면 좋겠지만 사람마다 좋아하는 이모티콘이 다르기 때문에 타깃을 명확하게 잡는 것이 좋습니다.

이모티콘 타깃으로는 연령대, 성별, 커플, 가족, 친구, 직장인, 대학생 등 여러 가지가 있습니다. 타깃의 특징에 따라 이모티콘의 시안과 메시지가 달라지기 때문에 타깃이 어떤 대화를 주로 하고, 어떤 이모티콘을 많이 사용하는지 연구해야 합니다. 예를 들어 20대 대학생을 타깃으로 잡는다면 대학 생활이나 아르바이트와 관련된 이모티콘으로 기획해 볼 수 있습니다. 만약 커플을 타깃으로 설정했다면 사랑, 애교 등 연인과의 대화로 이어질 수 있는 멘트를 넣어야 합니다. '보고싶어', '따랑해' 등 연인들이 사용할 만한 멘트로 시안을 구상해 봅니다.

▲ 커플(여자친구)을 타깃으로 한 '디듀—꽁쭈를 귀여워하거라! (여친)'

타깃이 좁아질수록 콘셉트가 명확한 이모티콘을 만들 수 있지만, 대중성은 떨어질 수 있습니다. 반면에 타깃이 넓어질수록 누구나 사용할 수 있는 이모티콘을 제작할 수 있지만, 제안할 때와 출시 후에 다른 이모티콘과 경쟁해야 합니다.

타깃을 설정할 때는 반드시 공감 포인트를 생각해야 합니다. 타깃을 정하였는데 정작 목표한 타깃이 사용할 이모티콘이 없어 공감을 일으키지 못한다면 구매로 이어지지 않기 때문입니다. 목표한 타깃이 이모티콘으로 대화를 자주 하는지, 대화방에서 어떤 이모티콘을 사용하는지 미리 조사한 후에 실용성 있는 이모티콘을 기획해야 합니다.

이모티콘 제목 정하기

이모티콘 제목은 이모티콘을 대표하는 중요한 요소입니다. 이모티콘을 출시한 후 사람들이 처음으로 마주하는 것이 이모티콘 제목이기 때문입니다. 이모티콘의 제목은 크게 캐릭터 이름이나 콘셉트를 넣어 정할 수 있습니다.

캐릭터 이름 넣기

캐릭터의 이름을 넣어 이모티콘의 제목을 정하는 것은 가장 기본적인 방법입니다. 캐릭터의 이름과 캐릭터의 성격이 함께 들어가도 좋습니다.

▲ 디듀—이중댕격 이댕이, 메룽이는 메롱이양~

필자의 이모티콘 중 '이중댕격 이댕이'는 캐릭터의 이름인 '이댕이'와 캐릭터의 성격인 '이중인격'이 함께 들어가 있습니다. 그리고 '메룽이는 메롱이양~'은 캐릭터의 이름인 '메룽이'와 캐릭터의 콘셉트인 '메롱'이 함께 들어가 있습니다. 이처럼 캐릭터의 이름과 성격 또는 콘셉트를 넣어 이모티콘 제목을 만들면 사용자의 기억에도 쉽게 남을 수 있습니다.

콘셉트 넣기

이모티콘을 기획할 때 정했던 콘셉트를 제목에 넣는 방법도 있습니다. 콘셉트를 제목에 넣으면 사용자에게 어떤 이모티콘인지 쉽게 설명할 수 있습니다. 콘셉트와 캐릭터의 이름을 같이 넣는 방법도 있습니다.

▲ 디듀-엥.

필자의 이모티콘 중 '엥.'은 '엥' 거리는 행동이 콘셉트라서 제목을 간결하게 '엥.'으로 지었습니다. 만약 게으른 대학생을 콘셉트로 잡은 이모티콘을 만들었다면 '게으른 대딩티콘'과 같은 느낌으로 제목을 정할 수 있습니다. 이모티콘 제목에 꼭 콘셉트가 들어갈 필요는 없지만 콘셉트를 명확하게 보여줄 수 있는 제목으로 정해야 합니다.

여기서 잠깐!
겹치는 이름이 있는지 미리 자료 조사하기

제목을 정할 때 자료 조사는 반드시 해야 합니다. 인기 있는 이모티콘의 제목을 체크해 보고 자신이 정한 이모티콘의 제목과 비슷하거나 겹치지 않는지 꼭 찾아 봐야 합니다. 또한 상표권과 저작권 체크는 필수입니다. 이모티콘을 출시한 후에 이미 나와 있는 제목과 겹치는 것이 있다면 판매 중지가 되거나 출시되지 않을 수도 있으니 이모티콘샵과 특허 정보를 검색할 수 있는 사이트에서 미리 검색해 봅니다. (KIPRIS 특허정보검색서비스: www.kipris.or.kr)

이제 본격적으로 이모티콘을 만들어 볼 차례입니다. 이모티콘 캐릭터를 만드는 방법을 알아보고 캐릭터 단순화 작업과 감정 표현 방법에 대해 살펴본 후 이모티콘 콘티를 러프스케치해 보겠습니다.

PART 03

실전!
이모티콘 만들기

이모티콘 캐릭터 만들기

이모티콘 캐릭터를 만드는 과정을 알아보는 챕터입니다. 먼저 캐릭터의 모티브가 되는 키워드와 주체를 정한 후 캐릭터의 외형 요소를 알아보고 캐릭터를 스케치해 보겠습니다.

캐릭터의 모티브가 되는 키워드 정하기

메시지형 이모티콘이나 실사 이모티콘이 아니라면 대부분 캐릭터를 만들어야 합니다. 무작정 캐릭터를 만들려고 하면 어려울 수 있지만, 먼저 캐릭터의 모티브를 정하면 수월하게 캐릭터를 만들 수 있습니다. 캐릭터의 모티브가 될 수 있는 키워드를 생각나는 대로 여러 개 적어 봅니다. 키워드의 특징을 생각하면 캐릭터를 쉽게 그릴 수 있습니다. 만약 '햄스터', '찹쌀떡', '흰색'의 키워드를 적었다면 하얗고 찹쌀떡처럼 말랑거리는 햄스터 캐릭터를 만들 수 있습니다. 그리고 햄스터와 연관 있는 '해바라기씨'에서 파생된 '~바라기'를 콘셉트로 설정하면 햄스터 캐릭터가 뭔가를 바라는 콘셉트의 이모티콘을 만들 수 있습니다.

이해를 돕기 위해 한 가지 더 예를 들어보자면 '두부'를 떠올렸을 때 두부의 특징인 '부드러운', '하얀', '네모' 등이 키워드가 될 수 있습니다. 그리고 두부는 부드러우니 부서지기 쉽고, '부서지기 쉬운'에서 '유리 멘탈'을 떠올릴 수 있습니다. 그럼 성격이 유리 멘탈인 두부 캐릭터가 탄생합니다.

반려동물이나 주변 사람을 보고 키워드가 떠오를 수도 있습니다. 필자의 이모티콘 중 '엥' 시리즈는 필자가 키우던 햄스터가 놀라서 당황하는 모습을 보고 '엥'이라는 키워드가 떠올랐고 '엥', '햄스터', '놀라는' 세 가지 키워드와 어울리는 캐릭터를 만들었습니다. 이렇게 키워드를 먼저 정하고 캐릭터를 만들면 독특하고 재미있는 이모티콘을 쉽게 만들 수 있습니다.

사람들에게 친근한 키워드 사용하기

이모티콘은 대중적일수록 좋기 때문에 독특한 키워드보다 사람들에게 친근하게 다가갈 수 있는 키워드를 생각해 봅니다. '똥'이나 '악마' 같은 비호감 키워드보다 일상에서 친근하고 긍정적인 키워드를 찾아 호감가는 캐릭터를 만드는 것이 좋습니다.

캐릭터 주체 정하기

키워드를 정했다면 이모티콘 캐릭터의 주체를 정해야 합니다. 주체는 쉽게 캐릭터의 종류라고 생각하면 되고 대표적으로 사람, 동물, 음식, 사물 등이 있습니다.

사람

사람을 주체로 정하면 여자, 남자, 아이, 엄마, 아빠, 남자친구, 여자친구 등의 캐릭터를 만들 수 있습니다. 사람 캐릭터는 복잡하게 디테일을 많이 넣기보다 단순하게 그리는 것이 좋습니다. 단순하게 그린 사람 캐릭터는 대부분 콘셉트가 명확해서 젊은 연령대에게 인기가 많은 편입니다. 사람이 주체인 이모티콘을 만들 때는 자신과 비슷한 느낌의 캐릭터를 선호하는 사용자를 목표로 타깃을 확실하게 잡아야 합니다.

▲ 디듀—꽁쭈를 귀여워하거라! (여친), 실버벨—말랑콩떡 짱큰콩(여친ver.), 오목오목 정오목—휜님 어디계세요?

단순한 사람 캐릭터 그리기

콘셉트가 확실하면 다양한 요소를 넣지 않아도 캐릭터를 쉽게 그릴 수 있습니다. 아직 자신만의 캐릭터를 만들기 어렵다면 단순한 형태의 사람 캐릭터로 이모티콘을 만들어 봅니다. 이모티콘샵의 스타일에서 '재밌는' 카테고리를 살펴보면 단순한 형태의 이모티콘을 많이 볼 수 있습니다. 캐릭터가 단순하기 때문에 콘셉트와 메시지가 확실해 매력적입니다.

동물

동물은 이모티콘 시장에서 인기가 많고 대중적인 주체입니다. 동물 캐릭터는 성별이나 나이를 알 수 없기 때문에 다양한 사람들이 사용할 수 있습니다. 이미 출시된 다양한 동물 캐릭터와 겹치지 않게 이모티콘 콘셉트와 시안, 캐릭터의 성격과 특징 등을 차별화합니다.

▲ 디듀–삐뚤토끼 또삐, 문랩–초록개구리의 바쁜 일상, 유랑–망그러진 곰 6

기타(음식, 식물, 사물 등)

음식, 식물, 사물 등을 주체로 이모티콘 캐릭터를 만들 수도 있습니다. 이 경우 말장난 이모티콘이나 비교적 특징이 뚜렷한 캐릭터로 이모티콘을 제작하는 편입니다. 대중적인 캐릭터를 만들기에는 살짝 어려움이 있어 이모티콘 만들기 초반에는 추천하지 않는 주체입니다.

▲ 실버벨-귀염뽀짝 아무말대잔치 8, 쥐냥-슈퐁이가 조아죽겄슈, 구냥이-작은 꽃 꼬미니

캐릭터 외형 요소 알아보기

캐릭터 외형 요소에는 볼터치, 눈썹, 소품, 꼬리 등 다양한 요소가 있습니다. 중요한 외형 요소를 위주로 살펴보겠습니다. 외형 요소 하나하나가 캐릭터의 느낌을 다르게 표현할 수 있으니 자신이 정한 키워드와 주체에 어울리는 외형 요소를 생각해 봅니다.

비율

비율은 크게 사람과 유사한 비율과 2등신이나 3등신의 캐릭터 비율로 나눌 수 있습니다. 사람과 유사한 비율은 동작을 표현하기 좋고 디테일을 넣기 유리합니다. 대신에 아기자기하고 귀여운 느낌을 주기 어렵고 애니메이션 작업을 할 때 로토스코핑 기법을 주로 사용하기 때문에 초보자가 작업하기에는 어려울 수 있습니다.

이모티콘 캐릭터는 보통 얼굴과 몸통을 비슷한 비율로 작업합니다. 사람과 유사한 비율보다는 디테일한 움직임을 표현하기 어렵지만, 아기자기하고 귀여운 느낌을 주기 때문에 조금 더 호감을 줄 수 있습니다.

몸통

2, 3등신 캐릭터 몸통에는 통통한 몸통, 얇은 몸통, 기다란 몸통, 얼굴과 일체형인 몸통 등 다양한 몸통이 있습니다. 몸통이 얼굴보다 크거나 팔다리가 길면 움직임을 디테일하게 표현하기 좋습니다. 반면에 몸통의 비율이 얼굴과 비슷하거나 팔다리가 짧으면 움직임을 표현하기 어렵지만 귀엽고 아기자기한 느낌을 줄 수 있습니다.

얼굴형

캐릭터의 얼굴형에는 동그란 얼굴, 네모난 얼굴, 볼이 통통한 얼굴 등 다양한 얼굴형이 있습니다. 얼굴형만 달라져도 캐릭터의 느낌이 확 달라지므로 얼굴형은 몸통의 비율에 어울리게 그리는 것이 좋습니다.

눈, 코, 입

눈, 코, 입은 캐릭터의 외형에서 중요한 요소입니다. 눈, 코, 입의 크기와 모양에 따라 캐릭터의 인상이 달라집니다. 같은 모양의 눈을 작게 만드느냐 크게 만드느냐에 따라 캐릭터의 생김새가 달라지기 때문에 눈을 크게 그려보기도 하고, 작게 그려보기도 하면서 캐릭터의 느낌을 다양하게 만들어 봅니다.

눈, 코, 입 사이의 거리에 따라서 캐릭터의 인상이 달라지기도 합니다. 눈과 입의 거리가 가까울수록 귀엽고 어린 인상을 줄 수 있습니다. 코는 간단하게 점으로 표현하기도 하고 생략하기도 합니다. 눈, 코, 입의 모양, 크기와 위치, 거리를 바꿔 보면서 캐릭터에 어울리는 얼굴을 만들어 봅니다.

귀

귀는 캐릭터의 특징을 살리기 좋은 외형 요소입니다. 캐릭터가 토끼라면 토끼의 귀를 그리고, 사람이라면 사람의 귀를 그려야 합니다. 귀의 유무, 모양, 거리를 달리하면 완전히 다른 느낌의 캐릭터를 만들 수 있습니다.

외형선

캐릭터는 외형선에 따라 느낌이 달라지기도 합니다. 다양한 외형선의 종류와 두께를 살펴보면서 자신의 캐릭터에 어울리는 외형선을 찾아 봅니다. 대체로 깔끔하고 두께가 일정한 스타일의 선을 많이 사용하지만, 요즘에는 거칠고 깨진 듯한 느낌의 선을 사용하기도 합니다. 이모티콘은 보통 스마트폰과 같이 작은 화면으로 보기 때문에 선이 너무 두꺼워도 너무 얇아도 안 됩니다. 이모티콘을 제작할 때 다양한 두께로 캐릭터를 그려보고, 외형선 두께를 정하기 어려울 때는 출시된 이모티콘의 선 두께와 비교해 보는 것이 좋습니다.

색상

색상은 캐릭터의 분위기를 결정합니다. 부드럽고 귀여운 느낌을 주고 싶으면 연한 색상을 사용하고, 강렬한 인상을 주고 싶으면 비비드한 색상을 사용하는 등 색상으로 캐릭터를 표현할 수 있습니다. 이모티콘샵을 살펴보면 흰색의 캐릭터를 많이 볼 수 있는데 그 이유는 크게 호불호가 갈리지 않고, 채팅방 배경색에 묻히지 않기 때문입니다. 반드시 흰색 캐릭터로 제작하지 않아도 되지만 흔하지 않은 색상을 선택하면 호불호가 갈릴 수 있음을 유의해야 합니다.

▲ 많은 보조 색상으로 복잡해진 시안   ▲ 최소한의 보조 색상으로 정리된 시안

캐릭터의 색상을 정했다면 어울리는 보조 색상을 함께 정하는 것이 좋습니다. 보조 색상은 캐릭터의 디테일이나 소품에 사용되는 색입니다. 이모티콘에 너무 많은 색상을 쓰면 이모티콘이 복잡해 보일 수 있기 때문에 되도록 최소한의 색을 사용하는 것이 좋습니다.

캐릭터 스케치하기

이제 머릿속으로 구상한 캐릭터를 스케치할 차례입니다. 스케치 노트나 아이패드 중 편한 곳에 캐릭터를 스케치해 봅니다. 무작정 생각나는 대로 그려도 되고, 콘셉트나 캐릭터의 모티브, 주체 요소, 외형 요소를 정했다면 거기에 맞게 캐릭터를 그려봅니다.

기본 형태 스케치하기

캐릭터를 처음부터 디테일하게 그릴 필요는 없습니다. 먼저 캐릭터의 기본 형태를 그린 후 간단하게 도형으로 몸통과 뼈대를 잡아 줍니다. 기본 형태를 스케치한 후에 디테일한 요소를 넣어 줍니다.

요소 넣어주기

기본 형태를 스케치했다면 캐릭터에 다양한 요소를 넣어 줍니다. 예를 들어 '삐쟁이 사자' 콘셉트의 캐릭터를 그린다면 요소로 갈기, 이빨, 미간 주름 등을 넣을 수 있습니다. 사자의 갈기를 복슬복슬한 느낌으로 그릴 수도 있고, 뽀송뽀송한 느낌으로 그릴 수도 있습니다. 삐진 콘셉트이기 때문에 '흥'이라는 멘트를 추가할 수도 있고, 사자가 '어흥'하고 울기 때문에 캐릭터의 이름을 '어흥이'로 지을 수도 있습니다. 이렇게 스케치하면서 캐릭터를 완성해 나갑니다.

만약 핑크 여우 캐릭터를 그린다면 외형 요소인 몸통과 귀를 다르게 하여 통통한 여우를 그릴 수도 있고, 귀여운 느낌의 아기자기한 여우를 그릴 수도 있습니다. 여러 가지 요소를 다른 느낌으로 그려 보면서 캐릭터를 만들어 봅니다.

턴어라운드 그리기

📁 준비 파일 | P03\Ch01\턴어라운드 그리기.procreate

턴어라운드 그리기는 캐릭터의 정면, 측면, 뒷면을 그려보는 것입니다. 여러 각도에서 캐릭터를 그리기 때문에 캐릭터에 대한 이해도가 높아지고 나중에 시안을 제작하거나 애니메이션 작업을 할 때 수월하게 작업할 수 있습니다. 특히 인형과 같은 입체적인 굿즈를 만들 때 턴어라운드 시안이 있으면 굿즈 업체와 소통이 쉽고 굿즈 형태의 완성도가 높아질 수 있습니다.

먼저 캐릭터의 정면을 그리고 연한 색상으로 가로 방향의 가이드라인을 그린 후 가이드라인에 맞춰 측면과 뒷면도 함께 그려 줍니다. 준비 파일로 제공하는 '턴어라운드 그리기.procreate' 파일을 참고하여 턴어라운드 그리기를 연습해도 좋습니다.

십자선 이용하기

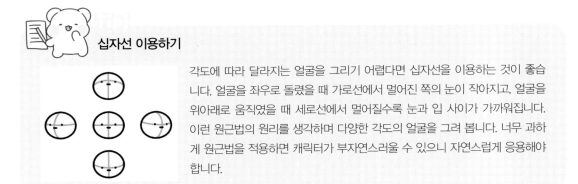

각도에 따라 달라지는 얼굴을 그리기 어렵다면 십자선을 이용하는 것이 좋습니다. 얼굴을 좌우로 돌렸을 때 가로선에서 멀어진 쪽의 눈이 작아지고, 얼굴을 위아래로 움직였을 때 세로선에서 멀어질수록 눈과 입 사이가 가까워집니다. 이런 원근법의 원리를 생각하며 다양한 각도의 얼굴을 그려 봅니다. 너무 과하게 원근법을 적용하면 캐릭터가 부자연스러울 수 있으니 자연스럽게 응용해야 합니다.

여기서 잠깐!

준비 파일을 프로크리에이트로 불러오고 싶어요!

준비 파일을 다운로드한 후 프로크리에이트의 기본 화면에서 오른쪽 상단의 [가져오기]를 터치합니다. [둘러보기]를 터치하여 파일을 다운로드한 위치에서 준비 파일을 불러옵니다.

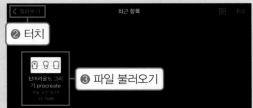

캐릭터를 만들 때 유의할 점

완성도 있는 이모티콘 캐릭터를 만들기 위해 체크해야 할 부분이 여러 가지 있습니다. 어떤 부분을 신경 써야 하는지 캐릭터를 만들 때 유의할 점을 알아보겠습니다.

✓ 대중성 체크하기

이모티콘 캐릭터를 만들다 보면 대중성에서 멀어질 때가 있습니다. 이모티콘은 작품이기 전에 상품인 것을 반드시 생각하며 사람들이 좋아할 만한 캐릭터를 만들어야 합니다. 카카오 이모티콘샵의 인기 이모티콘과 신규 이모티콘을 살펴보며 어떤 이모티콘이 사람들에게 인기가 있는지 체크해 봅니다. 이모티콘과 관련된 자료를 모으고 분석하다 보면 대중성에 대한 감이 빠르게 생길 수 있습니다.

✓ 채팅방 색상 고려하기

▲ 채팅방 배경 색상에 따라 다르게 보이는 이모티콘

이모티콘은 채팅방에서 사용하기 때문에 되도록 채팅방의 기본 색상이나 다크 모드에서 묻히지 않는 색상으로 제작하는 것이 좋습니다. 흰색 캐릭터가 스테디셀러인 이유는 어떤 배경에서도 잘 보이고 깔끔하기 때문입니다. 반드시 흰색 캐릭터일 필요는 없지만 어떤 배경에서든 잘 보이는 색상의 캐릭터로 만드는 것을 추천합니다.

✓ 이모티콘 콘셉트와 캐릭터가 어울리는지 체크하기

이모티콘 콘셉트와 캐릭터가 어울려야 이모티콘의 완성도가 높아집니다. 예를 들어 귀여운 학생 콘셉트의 이모티콘을 제작한다면 올드한 느낌의 캐릭터보다 발랄하고 상큼한 느낌의 캐릭터를 만들어야 합니다. 게으른 콘셉트의 캐릭터라면 캐릭터의 눈을 아래로 쳐지게 그려 게으른 느낌을 살리는 등 미리 잡아 놓은 이모티콘 콘셉트와 어울리게 캐릭터를 만들어야 합니다.

캐릭터 다듬고 감정 표현하기

이모티콘 캐릭터를 제작할 때 캐릭터를 다듬는 단순화 작업이 왜 필요한지 알아보겠습니다. 그리고 희로애락에 따라 이모티콘 캐릭터의 감정을 어떻게 표현해야 하는지 살펴보겠습니다.

캐릭터 단순화 작업의 중요성

이모티콘은 대부분 작은 화면에서 보기 때문에 단순하게 그려야 가시성이 높아집니다. 디테일이 많으면 그리기 어려울뿐더러 복잡해 보일 수 있습니다. 캐릭터의 모든 것을 보여 주려는 욕심을 버리고 힘을 빼서 그리면 오히려 더 좋은 결과를 얻을 것입니다.

캐릭터를 단순화하는 이유는 작은 화면에서 잘 보이게 하려는 이유도 있지만, 이모티콘으로 굿즈를 제작하거나 다른 콘텐츠를 만들 때 작업하기 좋게 하기 위함입니다. 디테일이 많은 캐릭터일수록 다양한 작업을 하기 어렵습니다. 만약 토끼 캐릭터를 만든다고 가정했을 때 토끼의 모든 요소와 디테일을 넣어 캐릭터화하면 캐릭터가 복잡해집니다. 아래 예시 그림에서 왼쪽의 캐릭터처럼 그리면 이모티콘을 제작하기 어려울 수 있습니다. 왼쪽의 캐릭터가 나쁘다는 것은 아니지만 너무 많은 디테일이 들어가 있어 단순화 작업이 필요합니다.

단순화 작업은 강조할 것은 강조하고 덜어낼 수 있는 건 최대한 덜어내는 작업입니다. 토끼의 특징인 귀와 수염은 강조하고 굳이 표현하지 않아도 되는 털과 발가락, 코는 없애 봅니다. 그리고 눈과 몸통도 조금 더 단순하게 바꿔 봅니다. 이렇게 단순화 작업을 거치면 한눈에 들어오는 이모티콘 캐릭터를 만들 수 있습니다.

단순화 작업은 캐릭터에만 적용되는 것이 아닙니다. 소품과 효과도 단순화 작업을 해주는 것이 좋습니다. 만약 노트북, 마우스, 의자를 소품으로 그린다고 했을 때 소품의 모든 것을 표현하기보다 단순하게 선으로만 표현하는 것이 이모티콘의 가시성을 높일 수 있습니다.

캐릭터 희로애락 나타내기

감정에는 두려움, 행복, 놀람, 당황 등 다양한 감정이 있지만 가장 기본 감정인 희로애락을 표현하며 감정표현을 연습해 봅니다. 희로애락은 기쁨, 화남, 슬픔, 즐거움 4가지 감정입니다. 감정에 따라 이모티콘을 어떻게 표현할 수 있는지 살펴보겠습니다.

기쁨 표현하기

사람들은 기쁜 상황에서 어떤 표정을 짓고, 어떤 행동과 말을 하는지 생각해 봅니다. 보통 웃거나, 기뻐서 팔을 들거나, 긍정적인 말을 합니다. 축하해 주는 것으로도 기쁨을 표현할 수 있습니다.

화남 표현하기

화남은 부정적인 감정이며 주로 화난 표정이나 과격한 동작으로 화난 감정을 표현합니다. 찡그리는 표정이나 입술을 내미는 표정으로 화난 것을 표현할 수도 있고, 뭔가를 부수거나 발로 차는 등의 행동으로도 화난 감정을 표현할 수 있습니다.

슬픔 표현하기

슬픔도 부정적인 감정입니다. 우리는 슬플 때 어떤 표정을 짓고, 어떤 행동을 하는지 생각해 봅니다. 주로 눈물을 흘리거나 좌절하며 우는 표정을 지을 수 있습니다.

즐거움 표현하기

즐거움은 긍정적인 감정입니다. 즐거울 때는 기쁠 때와 비슷하게 주로 웃는 표정을 짓거나 신나는 느낌의 행동으로 즐거움을 나타낼 수 있습니다.

감정의 강도에 따라 달라지는 표현

감정을 효과적으로 표현하는 방법에는 감정의 강도를 달리하는 것이 있습니다. 감정의 강도를 이해하면 감정을 표현하는 것이 훨씬 수월해집니다. 화남과 슬픔을 예시로 들어보겠습니다.

먼저 화난 감정의 강도 표현을 살펴보겠습니다. 첫 번째 캐릭터는 표정으로 화가 난 것을 표현했습니다. 두 번째 캐릭터는 화가 나서 씩씩거리는 듯한 행동을 추가하였습니다. 세 번째 캐릭터는 불타오르는 듯한 효과를 더해줬습니다. 모두 동일하게 화난 감정을 나타낸 것이지만 감정의 강도에 따라 표현이 달라지는 것을 확인할 수 있습니다. 자신이 표현하고자 하는 감정의 세기를 생각하면서 작업하면 더 완성도 높은 표현을 할 수 있습니다.

이번에는 슬픈 감정의 강도 표현을 살펴보겠습니다. 첫 번째 캐릭터는 쭈그려 있는 동작으로 슬픔을 표현했습니다. 두 번째 캐릭터에는 눈물을 흘리는 표정을 추가하였습니다. 세 번째 캐릭터는 눈물로 만들어진 물웅덩이를 그려주었습니다.

멘트를 추가하여 감정을 다양하게 표현할 수도 있습니다. '힝'과 '흑흐엉'에서 오는 차이를 느껴 보며 여러 상황에서 사용할 수 있는 멘트를 생각해 봅니다.

CHAPTER 03
이모티콘 콘티 만들기

이모티콘이 주로 어떤 감정을 전달하기 위해 사용되는지와 어떤 상황에서 사용되는지 알아본 후 표정, 행동, 소품 등에 따라 달라지는 이모티콘의 차이를 알아보겠습니다. 그리고 캐릭터 콘셉트와 어울리는 멘트를 정하여 이모티콘 콘티를 러프스케치해 보겠습니다.

다양한 감정 및 상황과 관련된 키워드 생각하기

이모티콘 콘티를 만들기 전에 어떤 감정이나 상황과 관련된 이모티콘을 만들지 생각해 봅니다. 이모티콘은 다양한 상황이나 감정을 표현하기 위해 사용됩니다. 이모티콘에서 자주 사용되는 감정 및 상황과 관련된 키워드를 긍정적인 키워드와 부정적인 키워드로 구분해 보았습니다. 감정 및 상황과 관련된 키워드를 살펴보며 다양한 표현을 생각해 봅니다.

구분	감정	상황
긍정적인 키워드	감동, 사랑, 행복, 기쁨, 신남, 설렘, 웃김, 귀여움 등	응원, 감사, 칭찬, 박수, 축하, 생일, 수락, 배부름 등
부정적인 키워드	슬픔, 분노, 지루함, 외로움, 힘듦, 짜증, 불만, 눈물, 속상 등	사과, 피곤함, 아픔, 걱정, 위로, 거절 등

예시로 보여드린 키워드 외에 다양한 키워드가 있습니다. 카카오 이모티콘 플러스에서 사람들이 많이 사용하는 키워드와 그 키워드의 이모티콘을 쉽게 볼 수 있으니 참고하는 것도 좋습니다.

이모티콘으로 제작할 감정 및 상황 키워드를 정했다면 이모티콘 콘티를 구상해 봅니다. 예를 들어 '응원'이라는 키워드로 이모티콘을 만든다면 캐릭터가 응원 도구나 하트 모양을 들고 응원하는 모습을 표현할 수도 있고, '화이팅!', '힘내', '열광' 등의 멘트를 넣을 수도 있습니다.

표정, 행동, 소품, 효과, 멘트에 따른 표현의 차이 알아보기

이모티콘은 같은 캐릭터라도 표정, 행동, 소품, 효과, 멘트를 어떻게 하느냐에 따라 완전히 다른 이모티콘이 될 수 있습니다. 카카오 이모티콘 스튜디오 제작 가이드를 기준으로 멈춰있는 이모티콘은 총 32개, 움직이는 이모티콘은 총 24개의 시안을 제안해야 합니다. 같은 캐릭터지만 표정, 행동, 소품, 효과, 멘트에 차이를 주면 개수를 늘릴 수 있습니다.

표정

단순히 웃는 표정보다 다양한 표정을 사용하면 캐릭터를 더 실감 나게 표현할 수 있습니다. 눈, 눈썹, 입 모양 등에 차이를 주어 여러 가지 표정을 그려봅니다. 예를 들어 화나는 표정은 미간에 주름과 입 모양을 달리해 다른 느낌의 화난 표정으로 만들 수 있습니다.

행동

캐릭터의 행동에 따라 감정표현의 분위기가 달라지기도 합니다. '절망'이라는 감정을 표현하고 싶을 때 볼을 누르는 행동으로 절망을 표현할 수도 있고, 털썩 주저앉는 행동으로 절망을 표현할 수도 있습니다. 여러 가지 구도와 동작으로 이모티콘의 구성을 다양하게 합니다.

소품

미안한 감정을 표현할 때 기본적으로 떠오르는 동작에는 무릎을 꿇고 비는 동작이 있습니다. 여기에 소품으로 '사과'와 '눈물'을 추가하면 더 귀엽게 표현할 수 있습니다. 그리고 '사랑해'를 표현할 때 캐릭터가 큰 하트 모양의 소품을 들고 있으면 직관적으로 감정을 전달할 수 있습니다. 이렇게 소품을 효과적으로 사용하면 다채로운 이모티콘을 만들 수 있습니다.

효과

반짝이는 효과, 느낌표 효과, 직선 효과 등으로 감정을 극대화하여 표현할 수 있습니다. 놀란 감정을 표현할 때 캐릭터에 놀란 효과를 넣을 수도 있고, 궁금한 감정을 표현할 때 물음표 효과를 넣을 수도 있습니다. 다만 너무 많은 효과는 시안이 복잡해질 수 있기 때문에 적당히 넣는 것이 좋습니다.

멘트

멘트는 캐릭터의 성격이나 이모티콘의 콘셉트에 맞게 넣는 것이 좋습니다. 캐릭터의 콘셉트에 따라 똑같이 부탁하는 멘트라도 귀엽게 '해죠!'라고 할 수도 있고, 공손하게 '해주세요'라고 할 수도 있습니다. 만약 삐딱한 콘셉트의 캐릭터라면 몽둥이를 들고 귀엽게 협박하듯이 '해줘.'라는 멘트를 넣을 수 있습니다. 캐릭터의 콘셉트와 어울리는 멘트로 이모티콘을 재치 있게 만들어 봅니다.

다양한 자료를 찾아 보고 연구하기

이모티콘을 다양하게 표현하는 것이 어렵다면 일단 자료를 많이 찾아 봐야 합니다. 다른 이모티콘을 많이 볼수록 다양한 표현을 생각하기 쉬워집니다. 카카오 이모티콘샵에 되도록 매일 들어가서 여러 작가님의 이모티콘을 살펴보고 감정이나 상황을 어떻게 표현했는지 연구해 봅니다. 감정표현 자료를 스크랩하고 정리해 두는 것도 좋습니다. 다만 다른 작가님의 이모티콘을 참고하되 따라하지 않도록 주의합니다.

콘셉트에 어울리는 행동과 멘트 정하기

이모티콘 시안을 봤을 때 이모티콘의 콘셉트가 보여야 합니다. 그러기 위해서는 이모티콘의 콘셉트와 캐릭터 성격에 맞는 행동과 멘트를 넣는 것이 좋습니다. 캐릭터가 콘셉트와 성격에 맞는 행동과 멘트를 하면 이모티콘에 차별성이 생기고 자신만의 이모티콘을 제작할 수 있습니다. 다만 너무 콘셉트에 치중해서 실용성을 놓치면 안 됩니다. 사람들이 자주 사용하는 표현에 콘셉트를 부여하는 것이 좋습니다.

같은 행동이라도 캐릭터의 콘셉트와 성격에 따라 동작이 달라질 수 있습니다. 애정 표현을 할 때 게으른 콘셉트의 캐릭터는 느릿느릿하게 하트를 건네는 반면 소심한 콘셉트의 캐릭터는 하트를 주고 도망을 가게 만들 수 있습니다. 캐릭터의 콘셉트와 성격을 고려하며 어떤 행동과 멘트를 할지 생각해 봅니다.

▲ 디듀―꽁쭈를 귀여워하거라! (여친)

'꽁쭈를 귀여워하거라! (여친)' 이모티콘을 보면 '공주+아기+귀여운+명령조+잘난' 콘셉트와 성격을 나타낼 수 있는 멘트를 넣었습니다. 귀여움과 관련된 '귀여워하거라!', 답장과 관련된 '대답하라!', 당당과 관련된 '예의를 갖추거라!' 등의 멘트로 콘셉트를 표현하였습니다. 콘셉트에 어울리는 멘트를 넣으면 이모티콘이 더욱 재밌어집니다.

▲ 디듀-메롱이는 메롱이양~

'메롱이는 메롱이양~' 이모티콘은 양 캐릭터가 메롱하며 약 올리는 콘셉트입니다. 이에 맞게 메롱을 하며 '에베베' 거리는 멘트를 넣었고, 똥을 들고 있거나 '바부'라는 낙서를 하기도 합니다.

▲ 디듀-삐뚤토끼 또삐

'삐뚤토끼 또삐' 이모티콘은 성격이 삐뚠 토끼가 콘셉트입니다. 콘셉트에 맞게 '거울을 봐', '오징어가 말을?!', '물어보신 분?' 등의 멘트를 넣었습니다. 캐릭터 성격에 어울리는 멘트와 행동으로 이모티콘의 콘셉트를 더 확실하게 보여 줄 수 있습니다.

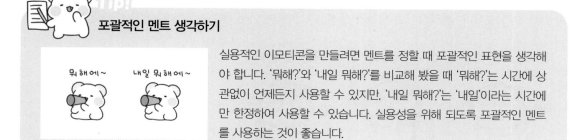

포괄적인 멘트 생각하기

실용적인 이모티콘을 만들려면 멘트를 정할 때 포괄적인 표현을 생각해야 합니다. '뭐해?'와 '내일 뭐해?'를 비교해 봤을 때 '뭐해?'는 시간에 상관없이 언제든지 사용할 수 있지만, '내일 뭐해?'는 '내일'이라는 시간에만 한정하여 사용할 수 있습니다. 실용성을 위해 되도록 포괄적인 멘트를 사용하는 것이 좋습니다.

러프스케치하기

본격적으로 이모티콘을 제작하기 전에 이모티콘 콘티를 러프스케치해 봅니다. 스케치 노트에 자유롭게 콘티를 러프스케치해도 되고, 네모 칸을 만들어 네모 칸 안에서 러프스케치해도 됩니다. 미리 러프스케치한 후에 이모티콘을 제작하면 완성도 높은 이모티콘을 만들 수 있습니다.

스케치 노트에 러프스케치하기

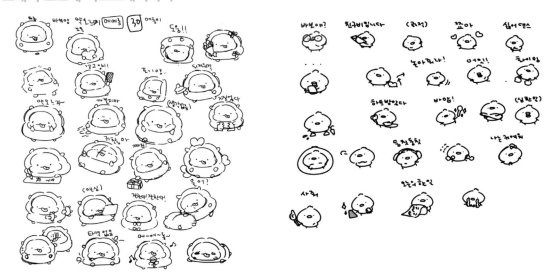

먼저 캐릭터의 성격과 콘셉트에 어울리는 멘트를 적고 멘트에 어울리는 캐릭터를 러프스케치해 봅니다. 멈춰있는 이모티콘을 만든다면 24개의 시안을, 움직이는 이모티콘을 만든다면 32개의 시안을 그려야 합니다. 제안하려는 이모티콘의 개수에 딱 맞춰서 그리기보다 24~32개보다 더 많이 스케치한 후에 콘셉트와 어울리지 않거나 실용성이 없는 콘티는 과감하게 버리는 것이 이모티콘의 상품성을 높일 수 있습니다. 러프스케치는 편하게 여러 가지 캐릭터를 그리는 것이기 때문에 스케치 노트에 자유롭게 그려 봅니다.

네모 칸 안에 러프스케치하기

■ **준비 파일** | P03\Ch03\네모 칸 안에 러프스케치하기.procreate

이번에는 프로크리에이트에서 네모 칸을 만들어 러프스케치를 정리해 봅니다. '네모 칸 안에 러프스케치하기.procreate' 파일을 사용해도 좋습니다. 네모 칸 안에서 러프스케치하면 캐릭터의 부피감이나 크기를 통일하기 좋습니다. 네모 칸 아래나 위에 그리고 싶은 감정 및 상황 키워드를 적어 줍니다. 아래 예시에서는 직장인 캐릭터로 콘셉트를 잡아 키워드를 적어 보았습니다.

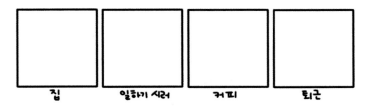

그리고 캐릭터의 성격이나 콘셉트에 어울리는 동작을 스케치해 봅니다. 도형으로 대충 그려도 상관없습니다. 위에 멘트가 들어갈 공간을 약간 남겨 두고 그립니다.

이제 캐릭터의 얼굴, 표정, 몸통을 자세히 그려 줍니다. 이전 단계에서 스케치한 것보다 더 깔끔하게 그리는 것이 좋습니다.

마지막으로 멘트, 소품, 효과를 넣어 줍니다.

멈춰있는 이모티콘 vs 움직이는 이모티콘

멈춰있는 이모티콘과 움직이는 이모티콘에는 여러 가지 차이가 있습니다. 이모티콘 콘티를 만들기 전에 어떤 이모티콘을 제작할 것인지 정한 후에 콘티를 짜는 것이 좋습니다. 카카오 이모티콘 스튜디오 제작 가이드를 기준으로 멈춰있는 이모티콘과 움직이는 이모티콘의 차이를 알아보겠습니다.

✓ 멈춰있는 이모티콘

특성	멈춰있는 이모티콘
표현 방식	콘셉트 위주
멘트 VS 동작	멘트가 중요
이모티콘 시안 구성	한 컷에 직관적인 표현을 해야 함
그림 실력	그림 실력보다 기획이 중요함
제안 제작 개수	32개 제작

멈춰있는 이모티콘은 주로 콘셉트가 강한 이모티콘이 많습니다. 멈춰있는 이모티콘 특성상 동작을 보여 주기 어렵기 때문에 콘셉트와 멘트가 중요하며 한 컷에 전달하려는 감정과 메시지를 직관적으로 표현해야 합니다. 멈춰있는 이모티콘은 디지털 드로잉에 익숙해지면 쉽게 작업할 수 있습니다. 32개의 이모티콘을 제안한 후 승인되면 상품화 과정을 거쳐 최종 파일을 준비합니다.

✓ 움직이는 이모티콘

특성	움직이는 이모티콘
표현 방식	캐릭터 위주
멘트 VS 동작	동작이 중요
이모티콘 시안 구성	애니메이션으로 커버 가능하나 섬네일에서 어느 정도 표현을 보여줘야 함
그림 실력	어느 정도 그림 실력이 필요함
제안 제작 개수	24개 제작(승인 후 애니메이션 작업)

움직이는 이모티콘은 캐릭터를 주체로 하는 이모티콘이 많습니다. 동작을 넣을 수 있어서 다양한 표현을 할 수 있고 캐릭터의 특징을 잘 살릴 수 있습니다. 움직이는 이모티콘은 섬네일에서 어떤 콘셉트인지 보여 주는 것이 좋습니다. 그림 실력이 있으면 더 좋고, 애니메이션 작업에 숙련도가 높을수록 작업하기 편합니다. 움직이는 이모티콘은 제안할 때 24개의 시안 중 3개는 GIF 파일로 제안해야 합니다. 승인 후에는 나머지 21개의 멈춰있는 이모티콘에 애니메이션 작업을 한 후 상품화 과정을 거쳐 최종 파일을 준비합니다.

이번에는 프로크리에이트와 포토샵의 기초 사용 방법에 대해 알아보겠습니다. 프로크리에이트는 아이패드에서 이모티콘을 만들 때 사용하는 앱이고, 포토샵은 이모티콘이 승인되고 나서 컴퓨터로 최종 파일을 작업할 때 사용하는 프로그램입니다.

PART 04

프로크리에이트와
포토샵 기초 다지기

CHAPTER 01

프로크리에이트 알아보기

프로크리에이트의 다운로드 방법과 기본 기능을 알아보고 이모티콘을 제작할 때 자주 사용하는 기능을 살펴보겠습니다. 프로크리에이트로 캐릭터를 그려 보며 디지털 드로잉에 익숙해지도록 합니다.

프로크리에이트 다운로드하기

프로크리에이트는 아이패드에서만 다운로드할 수 있는 앱으로, 아이패드 유료 앱 순위에서 항상 1~2위를 차지하고 있습니다. 이모티콘을 제작하기 전 프로크리에이트의 다운로드 방법을 알아보겠습니다.

01 아이패드에서 [App Store]를 터치합니다.

02 오른쪽 하단의 [검색]을 터치하고 검색창에 '프로크리에이트' 또는 'Procreate'를 입력한 후 [받기]를 터치하여 앱을 다운로드합니다. 프로크리에이트는 2023년 기준 한화로 19,000원에 구매할 수 있으며 한번 구매하면 평생 무료로 사용할 수 있습니다.

03 [열기]를 터치해 앱을 실행합니다. 프로크리에이트는 계속해서 자동으로 업데이트되고 있으며 책에서는 5.3.5 버전을 사용하였습니다.

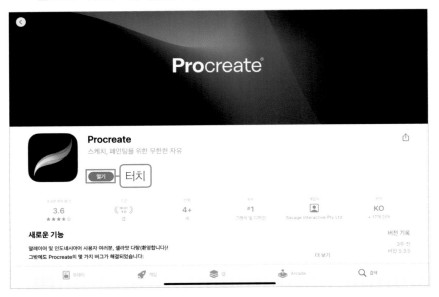

프로크리에이트 인터페이스 살펴보기

프로크리에이트는 직관적인 앱으로 초보자도 쉽게 사용할 수 있습니다. 디지털 드로잉에 아주 적합한 프로그램이며 애니메이션 기능도 있어 움직이는 이모티콘도 제작할 수 있습니다. 프로크리에이트의 인터페이스를 살펴봅시다. 프로크리에이트를 실행한 후 오른쪽 상단의 [+]를 터치하면 새로운 캔버스를 만들 수 있습니다. 캔버스는 그림을 그리는 종이라고 생각하면 됩니다.

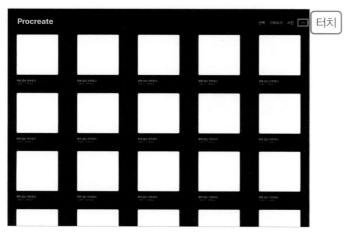

▲ 프로크리에이트 기본 화면

캔버스 작업 화면에는 동작 도구, 조정 도구, 선택 및 올가미 도구, 변형 도구, 브러시 도구, 스머지 도구, 지우개 도구, 레이어 도구, 색상 도구 등 다양한 도구가 있습니다.

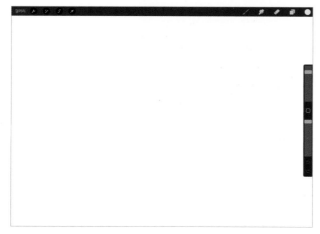

▲ 캔버스 작업 화면

프로크리에이트 기본 도구 살펴보기

프로크리에이트는 이모티콘을 만들 때 가장 보편적으로 사용하는 앱입니다. 프로크리에이트의 기본 도구를 차례대로 살펴보겠습니다.

동작 도구

동작 도구는 파일 및 사진 삽입, 사진 촬영, 캔버스 수정, 이미지 공유, 설정 등 다양한 기능을 사용할 수 있는 도구입니다. [추가], [캔버스], [공유], [비디오], [설정] 메뉴에 대해 알아보겠습니다.

• 추가

① **파일 삽입하기:** 아이패드 속 파일을 삽입합니다.

② **사진 삽입하기:** 아이패드 속 사진을 삽입합니다.

③ **사진 촬영하기:** 사진을 촬영한 후 삽입합니다.

④ **텍스트 추가:** 텍스트를 삽입합니다.

⑤ **자르기:** 캔버스에서 선택한 부분이나 레이어를 잘라냅니다.

⑥ **복사하기:** 레이어나 캔버스에서 선택한 텍스트, 사진 등을 복사합니다.

⑦ **캔버스 복사:** 캔버스 전체를 복사합니다.

⑧ **붙여넣기:** 자르기, 복사하기로 잘라내거나 복사한 부분을 붙여넣기 합니다.

• 캔버스

① **잘라내기 및 크기변경:** 캔버스를 자르거나 크기를 변경합니다.

② **애니메이션 어시스트:** 레이어가 프레임이 되어 애니메이션 기능을 사용할 수 있습니다.

③ **페이지 보조:** 레이어가 페이지가 되어 페이지를 넘기듯이 레이어를 확인할 수 있습니다.

④ **그리기 가이드:** 격자, 등거리, 원근, 대칭 기능을 이용할 수 있습니다.

⑤ **레퍼런스:** 아이패드 속 사진이나 프로크리에이트 안에 또 다른 캔버스를 불러올 수 있습니다.

⑥ **수평 뒤집기:** 캔버스를 수평으로 뒤집어 줍니다.

⑦ **수직 뒤집기:** 캔버스를 수직으로 뒤집어 줍니다.

⑧ **캔버스 정보:** 캔버스의 정보를 설정합니다.

• 공유

❶ **이미지 공유:** Procreate, PSD, PDF, JPEG, PNG, TIFF 확장자로 이미지를 저장합니다.

❷ **레이어 공유:** PDF, PNG 파일, 움직이는 GIF, 움직이는 PNG, 동영상 MP4, 움직이는 HEVC 확장자로 레이어 전체를 저장합니다.

이미지 파일 포맷별 특징 알아보기

• **Procreate:** 프로크리에이트의 기본 파일 형식으로 모든 레이어가 저장되어 자유롭게 수정할 수 있는 원본 용도의 파일입니다.
• **PSD:** 포토샵의 기본 파일 형식입니다.
• **PDF:** 호환성이 높은 문서 형식으로 인쇄 업체 등에 발주할 때 사용합니다.
• **JPEG:** 가장 많이 사용되는 이미지 파일 형식입니다. 1,680만 가지의 색상을 표현할 수 있어 웹용, 인쇄용으로 모두 사용합니다.
• **PNG:** JPEG와 함께 많이 사용되는 이미지 파일 형식으로 1,680만 가지의 색상과 256단계의 투명도를 표현할 수 있는 웹용 파일입니다.
• **TIFF:** 무손실 압축 파일 형식으로 용량이 크고 화질이 좋습니다.

• 비디오

❶ **타임랩스 다시 보기:** 타임랩스를 볼 수 있습니다.

❷ **타임랩스 녹화:** 캔버스에 그리는 그림을 녹화합니다.

❸ **타임랩스 비디오 내보내기:** 녹화된 타임랩스 비디오를 저장합니다.

• 설정

① **밝은 인터페이스:** 인터페이스의 테마를 밝게 변경합니다.

② **오른손잡이 인터페이스:** 활성화하면 사이드바가 오른쪽에 위치하고 비활성화하면 사이드바가 왼쪽에 위치합니다.

③ **유동적인 브러시 크기 조정:** 캔버스 크기에 따라 자동으로 브러시 크기를 조정합니다.

④ **프로젝트 캔버스:** 연결된 디스플레이 장치에 캔버스를 전체 화면으로 표시합니다.

⑤ **브러시 커서:** 브러시 크기와 모양을 표시합니다.

⑥ **압력 및 다듬기:** 모든 브러시의 손 떨림 방지 기능을 조절합니다.

⑦ **제스처 제어:** 손가락으로 조작하는 제스처를 설정합니다.

⑧ **빠른 실행 취소 지연시간:** 실행 취소 속도를 조절합니다.

⑨ **선택 마스크 가시성:** 선택 기능 사용 후 선택되지 않은 부분의 빗금을 조절합니다.

⑩ **크기 및 불투명도 도구 모음:** 활성화하면 크기와 불투명도를 조정하는 사이드바가 보이고, 비활성화하면 안 보입니다.

조정 도구

색상 조정과 다양한 필터를 사용할 수 있는 도구입니다.

① **색조, 채도, 밝기:** 색조, 채도, 밝기를 조정합니다.

② **색상 균형:** 명도를 나누어 색조를 조정합니다.

③ **곡선:** 감마, 빨강, 초록, 파랑 영역을 나누어 색조를 조정합니다.

④ **변화도 맵:** 전체적인 색감을 조정합니다.

⑤ **가우시안 흐림 효과:** 흐림 효과가 균일하게 적용됩니다.

⑥ **움직임 흐림 효과:** 직선 방향으로 흐림 효과가 적용됩니다.

⑦ **투시도 흐림 효과:** 원을 중심으로 흐림 효과가 적용됩니다.

⑧ **노이즈 효과:** 노이즈 효과를 줍니다.

⑨ **선명 효과:** 픽셀의 대비를 높여 줍니다.

⑩ **빛산란:** 밝은 부분의 빛을 산란시켜 줍니다.

⑪ **글리치:** 물결 효과나 화면이 지지직거리는 효과를 넣고 싶을 때 사용합니다.

⑫ **하프톤:** 캔버스의 그림을 인쇄한 종이처럼 보이게 하고 싶을 때 사용합니다.

⑬ **색수차:** 빈티지한 효과를 줍니다.

⑭ **픽셀 유동화:** 그림의 형태를 유동적으로 조절합니다.

⑮ **복제:** 브러시의 크기와 강도를 설정한 후 복제하고 싶은 영역을 브러시로 칠하면 똑같이 복제할 수 있습니다. 같은 그림을 반복적으로 그릴 때 사용하면 편리합니다.

선택 및 올가미 도구

캔버스에서 원하는 영역을 선택할 수 있는 도구입니다.

- **자동:** 터치하면 자동으로 영역을 선택합니다.

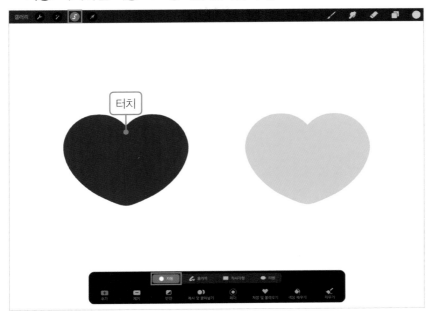

- **올가미:** 원하는 모양으로 영역을 선택합니다.

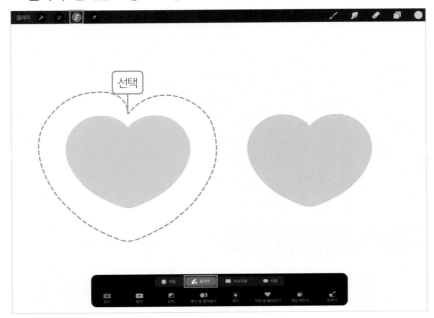

- **직사각형:** 사각형 모양으로 영역을 선택합니다.

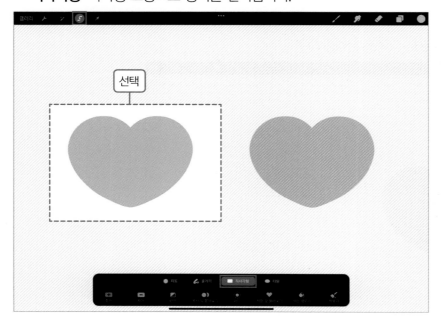

- **타원:** 원 모양으로 영역을 선택합니다.

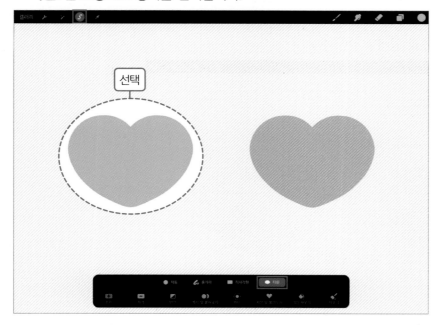

변형 도구

캔버스에서 원하는 부분의 모양을 변형할 수 있는 도구입니다.

- **자유형태:** 선택한 부분을 자유롭게 변형합니다.

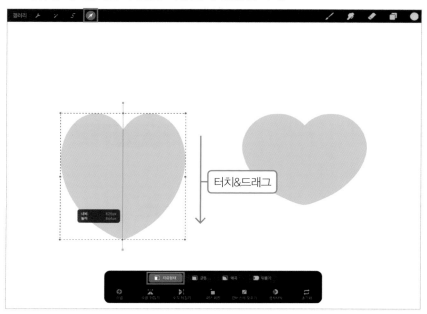

- **균등:** 선택한 부분을 균등하게 변형합니다.

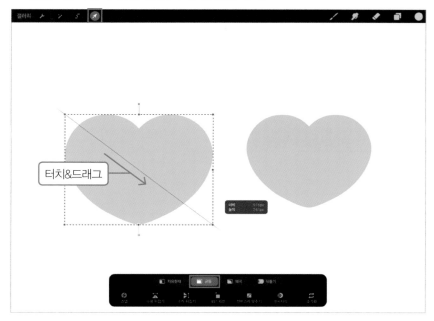

- **스냅:** 가이드라인에 따라 이동 및 변형합니다.

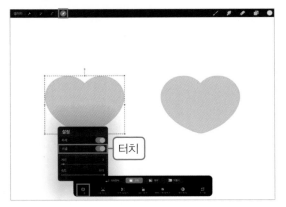 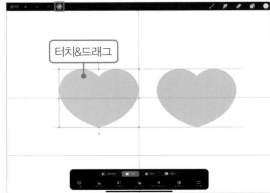

- **왜곡:** 선택한 부분을 왜곡시킵니다.

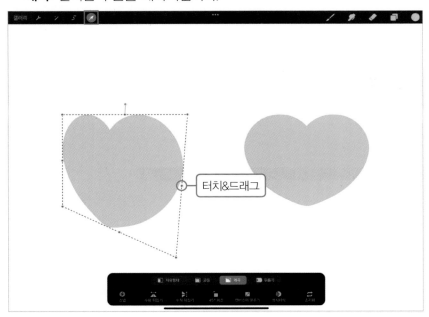

- **뒤틀기:** 선택한 부분을 뒤틉니다.

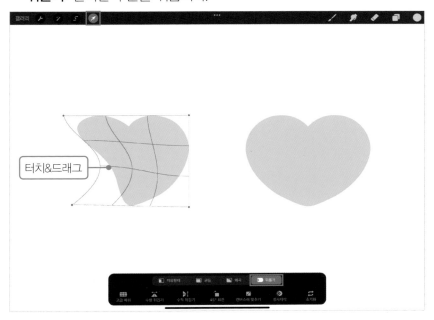

브러시 도구

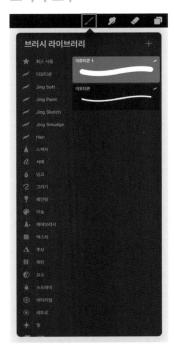

브러시 라이브러리에서 사용할 브러시를 고를 수 있습니다. 브러시를 한 번 더 터치하면 브러시 스튜디오에서 브러시를 설정할 수 있습니다.

스머지 도구

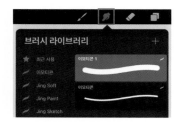

손가락으로 문지른 듯한 효과를 줄 수 있습니다. 브러시 라이브러리에서 스머지 브러시를 선택할 수 있습니다.

지우개 도구

브러시로 그린 그림을 지울 수 있습니다. 브러시 라이브러리에서 지우개 브러시를 선택할 수 있습니다.

레이어 도구

레이어는 하나의 '층'이라고 생각하면 됩니다. 선 레이어, 채색 레이어가 모여 하나의 그림을 완성할 수 있습니다.

- **+:** 터치하여 레이어를 추가할 수 있습니다.

- **잠금, 복제, 삭제:** 레이어를 왼쪽으로 밀면 나오는 기능입니다. 레이어를 잠금, 복제, 삭제할 수 있습니다.

- **N:** 레이어의 불투명도를 조정하거나 속성을 변경합니다.

- **레이어 다중 선택:** 원하는 레이어를 선택한 후 오른쪽으로 밀면 레이어를 다중으로 선택할 수 있습니다. 레이어를 다중 선택하여 한 번에 삭제하거나 그룹을 만들 수 있습니다.

- **레이어의 여러 가지 기능**

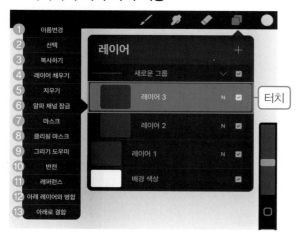

❶ **이름변경:** 레이어의 이름을 변경합니다.

❷ **선택:** 레이어 안의 그림을 선택합니다.

❸ **복사하기:** 선택된 영역 또는 레이어 전체를 복사합니다.

❹ **레이어 채우기:** 선택된 색상으로 레이어가 채워집니다.

❺ **지우기:** 선택된 영역 또는 레이어 전체를 지웁니다.

❻ **알파 채널 잠금:** 알파 채널 잠금을 적용한 레이어의 그림 부분만 브러시를 칠할 수 있습니다.

❼ **마스크:** 이미지 위에 마스크를 씌워 지우고 싶은 부분은 지우고 보여주고 싶은 부분만 보이게 하는 기능입니다. 검은색으로 칠하면 그림을 지울 수 있고, 흰색으로 칠하면 그림을 다시 보이게 할 수 있습니다. 회색으로 칠하면 반투명하게 만들 수 있습니다.

❽ **클리핑 마스크:** 그린 그림 위에 색이나 질감 등을 넣을 때 사용하는 기능으로 클리핑 마스크 레이어 아래에 있는 레이어에만 적용됩니다.

❾ **그리기 도우미:** [동작 도구] – [캔버스]의 [그리기 가이드]를 활성화하고 [그리기 가이드 편집]에서 [그리기 도움받기]를 활성화하면 레이어 메뉴에 '그리기 도우미' 기능이 생겨 직선을 그릴 수 있습니다.

❿ **반전:** 레이어 색을 반전시킵니다.

⓫ **레퍼런스:** 레퍼런스로 설정한 레이어 이외의 레이어가 참조됩니다.

⓬ **아래 레이어와 병합:** 아래 레이어와 합칠 수 있습니다.

⓭ **아래로 결합:** 아래 레이어와 그룹을 만들 수 있습니다.

색상 도구

[디스크], [클래식], [하모니], [값]을 각각 터치하어 색상을 선택할 수 있고 [팔레트]에 자주 사용하는 색을 설정할 수 있습니다.

사이드바

사이드바로 브러시의 크기와 불투명도를 조절하고 [+]를 터치하면 설정한 브러시의 크기를 저장할 수 있습니다. 중간에 있는 ■의 역할은 [동작 도구] – [설정] – [제스처 제어]에서 설정할 수 있고 책에서는 '레이어 선택'으로 설정했습니다. 하단의 화살표는 실행 취소와 다시 실행입니다.

자주 사용하는 기능 알아보기

프로크리에이트에서 이모티콘을 작업할 때 자주 사용하는 기능을 알아보겠습니다.

기본 제스처

[동작 도구] – [설정] – [제스처 제어]를 터치합니다. 제스처는 키보드의 단축키 같은 역할을 합니다.

- **두 손가락 터치:** 실행 취소
- **세 손가락 터치:** 다시 실행
- **세 손가락으로 쓸어내리기:** 복사 및 붙여넣기
- **네 손가락 터치:** 퀵메뉴(QuickMenu) 실행
- **두 손가락으로 모으기:** 화면 축소
- **두 손가락으로 벌리기:** 화면 확대

퀵메뉴(QuickMenu) 알아보기

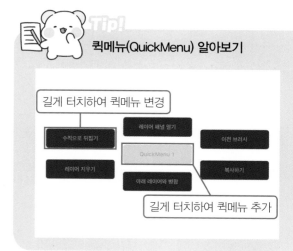

퀵메뉴(QuickMenu)는 자주 사용하는 기능을 등록하여 빠른 작업을 하기 위한 도구로써 네 손가락으로 화면을 터치하면 활성화됩니다. 퀵메뉴를 비활성화하고 싶다면 [동작 도구] – [설정] – [제스처 제어] – [QuickMenu]에서 설정할 수 있습니다. 등록한 퀵메뉴를 길게 터치하면 변경할 수 있고, [QuickMenu 1]을 길게 터치하면 다른 퀵메뉴를 추가할 수 있습니다.

애플 펜슬의 기능

아이패드의 애플 펜슬 설정에서 이중 터치 기능을 활용하면 브러시와 지우개를 빠르게 전환할 수 있습니다. [동작 도구] – [설정] – [제스처 제어] – [일반]에서 [손가락으로 페인팅 켬]을 비활성화하면 애플 펜슬로만 그림을 그릴 수 있습니다. 애플 펜슬로 그림을 그릴 때 손이 터치되는 것이 불편하면 사용하기 좋은 기능입니다.

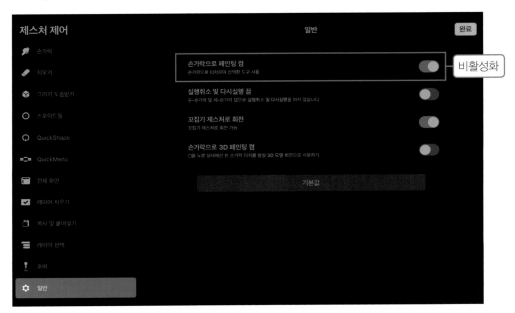

나만의 설정 만들기

이모티콘을 만들 때 대부분 프로크리에이트에서 작업하기 때문에 프로크리에이트를 본인에게 맞게 설정해 놓는 것이 좋습니다. [동작 도구] – [설정] – [제스처 제어]의 메뉴를 살펴보며 프로크리에이트를 본인의 작업 스타일에 맞게 설정해 봅니다.

색상 기능

캐릭터 채색 작업을 할 때 사용하기 좋은 색상 기능인 컬러드롭과 스포이드에 대해 알아보겠습니다.

- **컬러드롭(ColorDrop):** 원하는 색상을 선택한 후 오른쪽 상단의 색상 도구를 색을 채우려는 그림에 드래그 앤 드롭하면 색이 채워집니다.

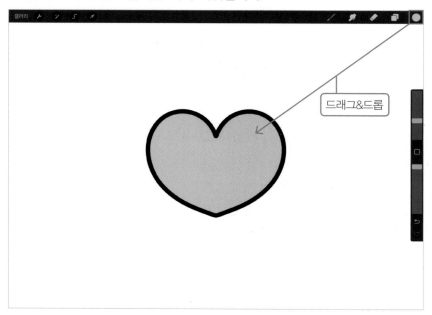

- **스포이드:** 색을 추출하려는 부분을 길게 터치하면 스포이드 기능이 활성화됩니다.

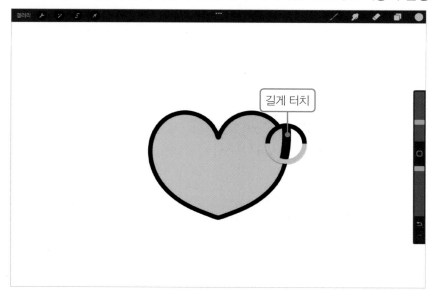

깔끔하게 그리기

프로크리에이트에서 펜슬로 캐릭터를 그릴 때 직선과 원을 깔끔하게 그리는 방법에 대해 알아보겠습니다.

- **직선 그리기:** 펜슬로 선을 그리고 펜슬을 떼지 않고 꾹 누르고 있으면 깔끔한 직선을 그릴 수 있습니다. 직선을 그린 상태에서 다른 손가락으로 화면을 터치하면 원하는 각도로 직선을 그릴 수 있습니다.

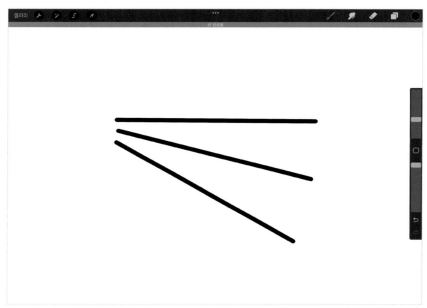

- **원 그리기:** 원을 그리고 난 후 펜슬을 떼지 않고 꾹 누르고 있으면 깔끔한 원이 그려지고 모양 편집 기능이 활성화되어 다른 모양의 원으로 설정할 수도 있습니다.

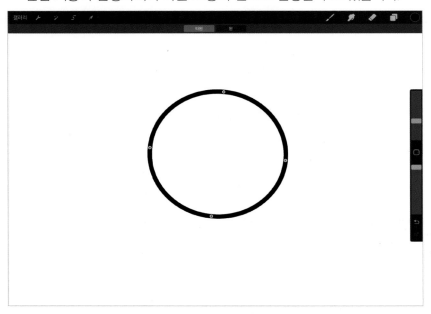

손 떨림 방지 기능 사용하기

[브러시 스튜디오] – [안정화]에서 양을 '최대'로 설정하면 선을 더욱 깔끔하게 그릴 수 있습니다.

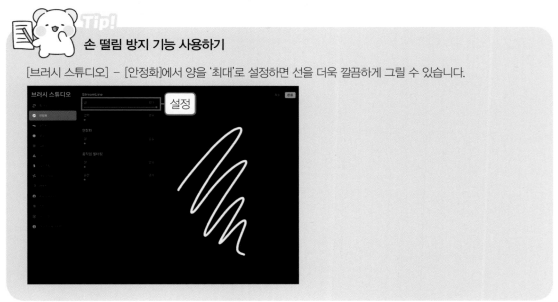

스택 기능

여러 캔버스를 하나의 그룹으로 묶어 주는 기능입니다. 프로크리에이트 기본 화면에서 그룹으로 묶고
싶은 캔버스를 선택한 후 [스택]을 터치합니다.

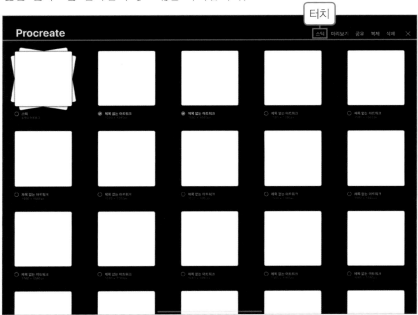

애니메이션 어시스트 기능 알아보기

프로크리에이트에서 움직이는 이모티콘을 작업할 때 필요한 애니메이션 어시스트 기능을 알아보겠습니다.

애니메이션 어시스트 기능 켜기　　　　📁 **준비 파일 |** P04\Ch01\애니메이션 어시스트.procreate

움직이는 이모티콘을 만들기 위해서는 애니메이션 어시스트 기능을 알아야 합니다. 프로크리에이트에서 [가져오기]를 터치해 '애니메이션 어시스트.procreate' 파일을 불러옵니다. [동작 도구] – [캔버스]에서 [애니메이션 어시스트]를 활성화합니다.

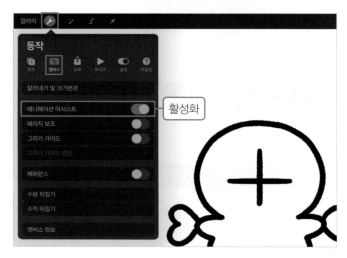

활성화하면 레이어나 레이어 그룹이 타임라인의 프레임으로 변경됩니다. 맨 아래의 레이어가 첫 번째 프레임이 되고, 맨 위의 레이어가 마지막 프레임이 됩니다. 이 프레임이 모여 애니메이션이 만들어집니다.

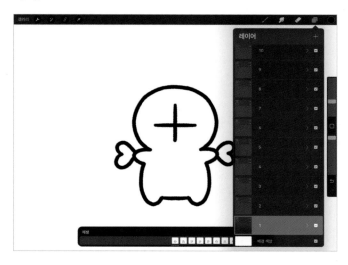

프레임 옵션

'프레임 옵션'은 프레임을 터치하면 뜨는 창입니다.

① **유지 지속시간:** 프레임의 유지 지속시간을 설정합니다.

② **복제:** 프레임을 복제합니다.

③ **삭제:** 프레임을 삭제합니다.

④ **배경:** 첫 번째 프레임으로 배경을 설정할 수 있습니다.

⑤ **전경:** 마지막 프레임으로 전경을 설정할 수 있습니다.

프레임 설정

프레임을 설정할 수 있는 메뉴입니다.

① **루프:** 순서대로 애니메이션이 재생됩니다.

② **핑퐁:** 재생 후 거꾸로 재생을 반복합니다.

③ **원 샷:** 처음부터 끝까지 한 번 재생됩니다.

❹ **초당 프레임:** 1초에 몇 개의 프레임을 재생할지 설정합니다. 숫자가 작을수록 애니메이션이 느려지고, 숫자가 커질수록 애니메이션이 빨라집니다.

❺ **어니언 스킨 프레임:** 선택한 프레임의 앞뒤로 보이는 프레임 개수입니다. 양파 껍질처럼 앞뒤로 놓인 프레임이 보입니다.

❻ **어니언 스킨 불투명도:** 어니언 스킨 프레임의 불투명도를 조정합니다. 숫자가 높을수록 진해집니다.

❼ **주 프레임 혼합:** 선택한 프레임을 앞뒤 프레임과 같이 비쳐 보이게 합니다.

❽ **어니언 스킨 색상:** 어니언 스킨 프레임의 색상을 조정합니다.

프레임 추가 및 위치 변경

[프레임 추가]를 터치하거나 레이어 도구에서 레이어를 추가하면 타임라인에 프레임이 추가됩니다. 프레임의 위치를 변경하려면 프레임을 길게 터치한 후 이동하거나, 레이어 도구에서 레이어의 위치를 변경합니다.

프로크리에이트로 캐릭터 그리기

프로크리에이트의 기본 기능을 이용하여 캐릭터를 그려보겠습니다. 캔버스를 설정한 후 캐릭터를 스케치합니다. 그런 다음 스케치를 깔끔하게 정리하고 캐릭터를 채색하겠습니다.

캔버스 설정하기

01 오른쪽 상단의 [+]를 터치한 후 ▬을 터치합니다.

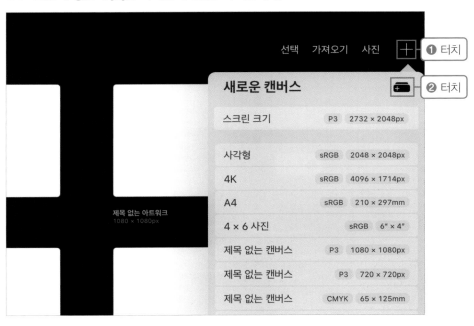

02 [사용자지정 캔버스]의 [크기]에서 너비와 높이를 '1080 px'로 설정한 후 DPI는 '72'로 설정합니다.

03 RGB는 웹 색상, CMYK는 인쇄 색상입니다. [색상 프로필]의 [RGB] 탭에서 'sRGB IEC61966–2.1'을 선택한 후 [창작]을 터치합니다.

브러시 설정하기

01 오른쪽 상단의 [브러시 도구]를 터치한 후 [서예]의 '모노라인' 브러시를 선택합니다.

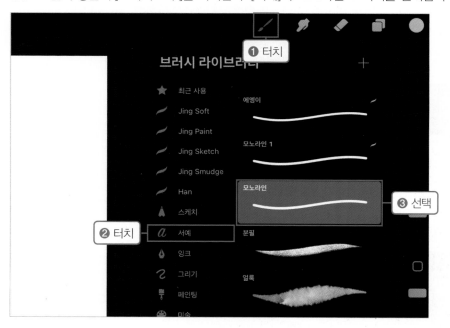

 **브러시 고르기**

이모티콘 캐릭터는 브러시에 따라 느낌이 달라집니다. 예제에서는 이모티콘 제작에 자주 사용되는 '모노라인'으로 설정하였습니다. 여러 가지 브러시를 사용해 보며 자신의 캐릭터와 어울리는 브러시를 찾아 봅니다.

02 '모노라인' 브러시를 왼쪽으로 밀어 [복제]를 터치합니다. 모노라인 브러시가 복제되었습니다.

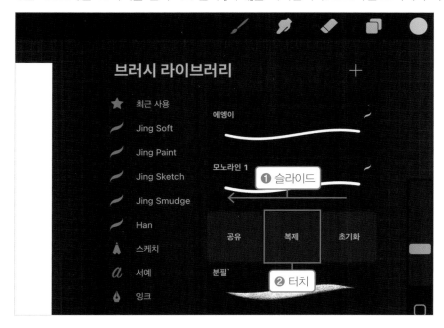

03 복제된 브러시를 터치합니다.

04 [브러시 스튜디오]의 [안정화]에서 양을 '최대'로 설정하여 손떨림 방지 기능을 활성화합니다. 손떨림 방지 기능이 불편하면 수치를 낮춰 자신에게 맞게 조정합니다.

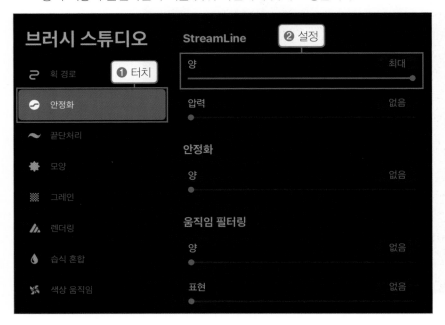

05 [이 브러시에 관하여]를 터치한 후 브러시 이름을 '이모티콘'으로 설정하고 [완료]를 터치합니다.

06 브러시 라이브러리에서 왼쪽 메뉴를 아래로 슬라이드한 후 ▓▓▓ + ▓▓▓ 를 터치합니다.

07 새로운 브러시 모음을 만들어 이름을 '이모티콘'으로 설정합니다.

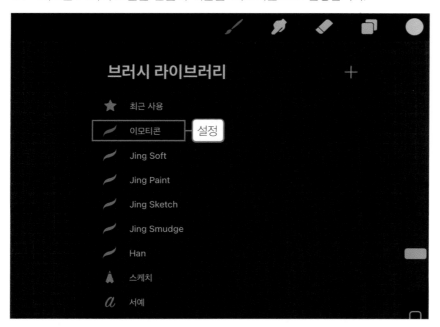

08 [서예]에서 이전에 만든 '이모티콘' 브러시를 길게 터치해 새로 만든 '이모티콘' 브러시 모음으로 드래 그합니다.

캐릭터 스케치하기

01 더 완성도 높은 캐릭터를 그리기 위해 먼저 캐릭터를 스케치하겠습니다. 오른쪽 상단의 [색상 도구]를 터치한 후 원하는 스케치 색상을 선택합니다.

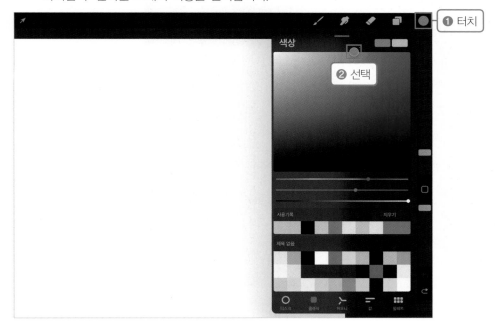

02 [브러시 도구]를 터치하여 [스케치]의 [6B 연필]을 터치합니다.

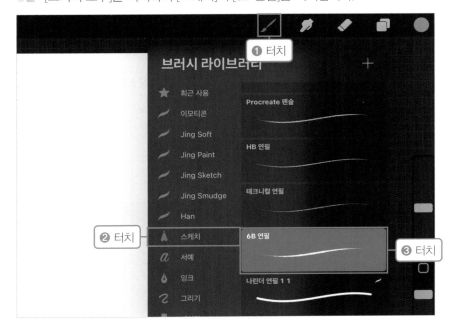

03 사이드바에서 브러시 크기를 조정합니다. 예제에서는 크기를 '50%'로 설정하였습니다.

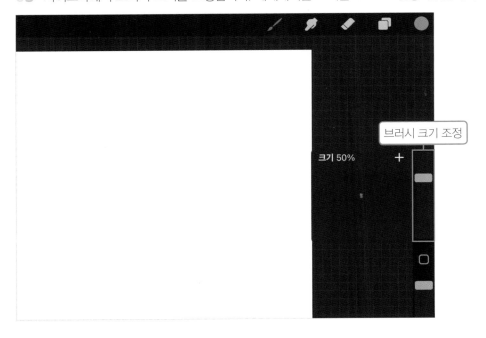

04 자유롭게 캐릭터를 스케치합니다. 스케치는 힘을 빼고 그리는 것이 좋습니다. 왼쪽 위의 [변형 도구] –
    [균등]을 터치한 후 캐릭터 크기를 캔버스에 맞게 조절합니다.

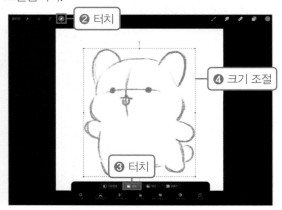

스케치 깔끔하게 그리기

01 스케치한 캐릭터의 선을 깔끔하게 그리겠습니다. 오른쪽 상단의 [레이어 도구]를 터치한 후 [+]를 터치
    하여 새로운 레이어를 추가합니다.

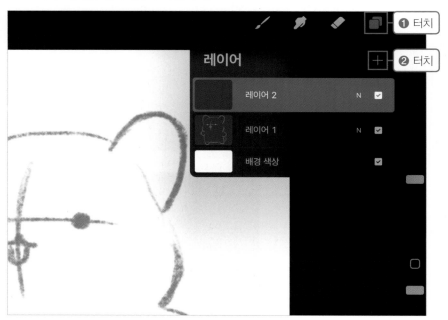

02 '레이어 1' 레이어를 터치한 후 [이름변경]을 터치하여 레이어의 이름을 '스케치'로 변경합니다.

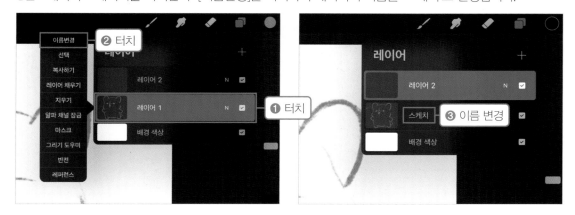

03 02와 같은 방법으로 '레이어 2' 레이어의 이름을 '선'으로 변경합니다.

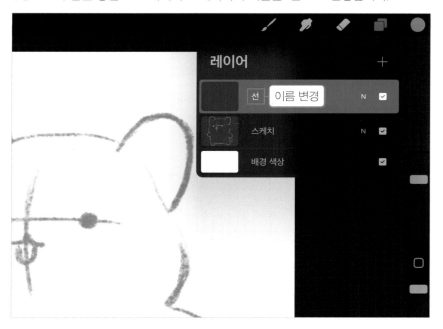

04 '스케치' 레이어의 [N]을 터치한 후 불투명도를 '40%'로 설정합니다.

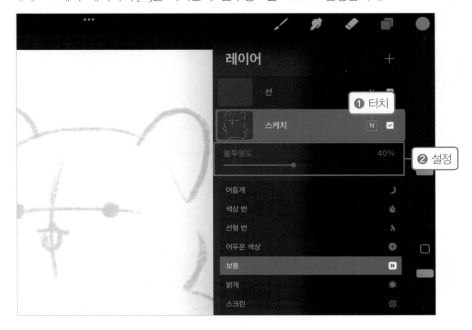

05 '선' 레이어를 터치합니다.

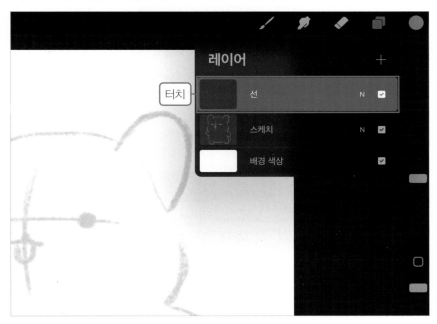

06 오른쪽 상단의 [색상 도구]를 터치하여 검은색을 선택합니다.

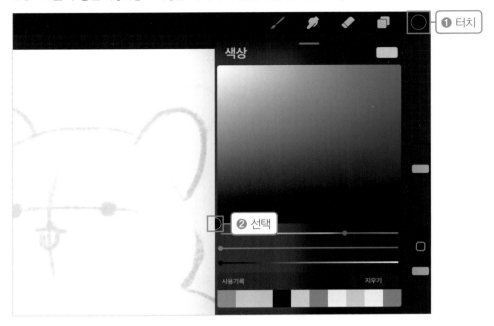

07 [브러시 도구]를 터치한 후 '이모티콘' 브러시를 선택합니다.

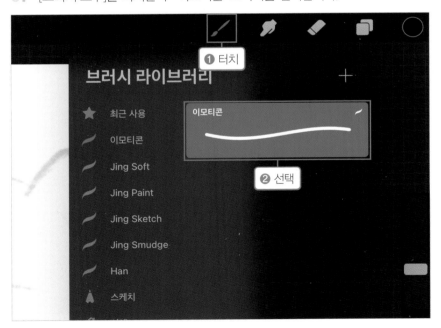

08 사이드바에서 브러시 크기를 조정한 후 스케치한 캐릭터의 외곽선을 따라 그려 줍니다. 화면을 두 손 가락으로 확대하거나 축소하면서 그립니다.

09 스케치를 깔끔하게 그려주었습니다.

캐릭터 채색하기

01 채색 레이어를 만들어 캐릭터를 색칠하겠습니다. 오른쪽 상단의 [레이어 도구]를 터치합니다. '스케치' 레이어를 왼쪽으로 밀고 [삭제]를 터치합니다.

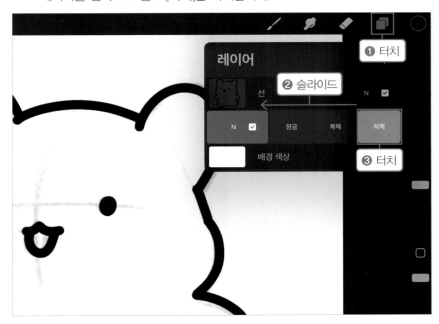

02 [+]를 터치하여 새로운 레이어를 만들어 줍니다.

03 '레이어 2' 레이어를 터치한 후 이름을 '채색'으로 변경합니다.

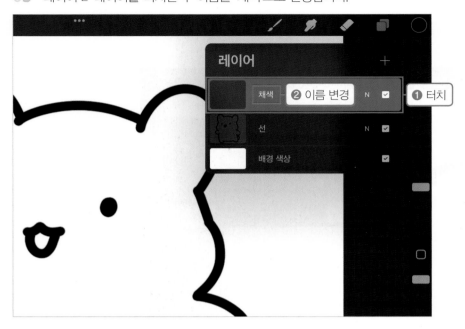

04 '채색' 레이어를 드래그하여 '선' 레이어 아래 배치합니다.

05 '배경 색상' 레이어를 터치합니다.

06 배경 색상을 살짝 진한 색상으로 선택하고 [완료]를 터치합니다.

07 '선' 레이어를 터치한 후 [레퍼런스]를 터치하여 활성화합니다.

레퍼런스 기능을 사용할 때 주의할 점

레퍼런스 기능을 사용할 때는 캐릭터에 뚫려 있거나 끊긴 선이 없어야 합니다.

08 '채색' 레이어를 터치합니다.

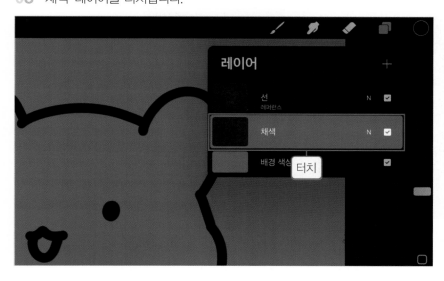

09 오른쪽 상단의 [색상 도구]를 터치하여 캐릭터 몸통 색상을 선택합니다. 예제에서는 흰색을 선택했습니다.

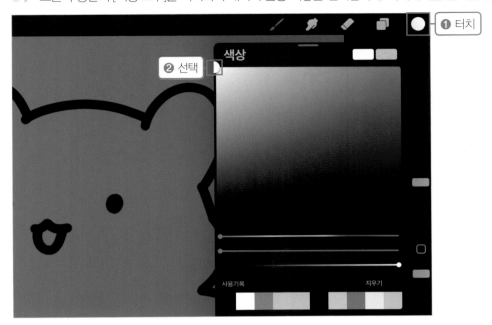

10 [색상 도구]를 터치한 후 캐릭터 몸통으로 드래그 앤 드롭합니다. 레퍼런스 기능을 이용하여 채색하거나 직접 브러시로 채워가며 채색합니다.

11 나머지 빈 곳도 채색합니다.

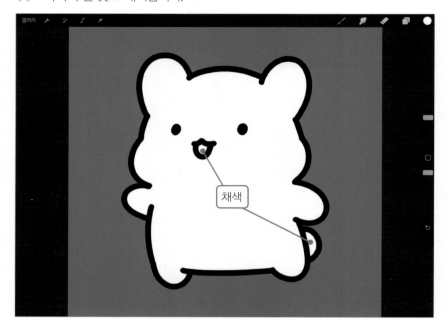

12 [레이어 도구]를 터치한 후 [+]를 터치하여 새로운 레이어를 추가하고 이름을 '디테일'로 변경합니다.

13 [색상 도구]를 터치하여 볼 터치나 입에 넣을 색상을 선택한 후 디테일하게 채색합니다. 디테일한 부분을 채색할 때는 몸통을 채색한 레이어와 분리하는 것이 수정할 때 편리합니다.

14 프로크리에이트로 캐릭터 그리기를 완성하였습니다.

볼터치 쉽게 그리기

동그란 볼터치를 그리는 것이 어렵다면 브러시를 한 번만 콕 찍어 원을 그리는 방법을 알려드리겠습니다. 브러시의 크기가 작으면 볼터치가 작게 그려질 수 있기 때문에 먼저 브러시의 크기를 수정해야 합니다.

01 '이모티콘' 브러시를 왼쪽으로 밀어 [복제]를 터치하여 복제합니다.

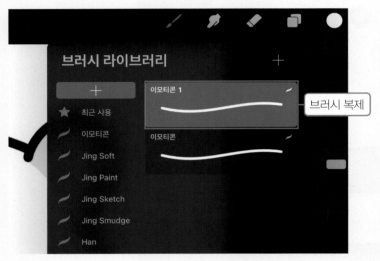

02 복제한 '이모티콘 1' 브러시를 터치한 후 [브러시 스튜디오] – [속성]에서 최대 크기를 '최대'로 설정하고 [완료]를 터치합니다.

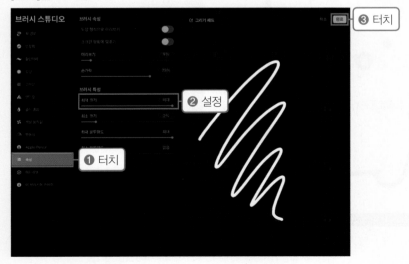

03 브러시의 크기를 키웠습니다.

04 사이드바에서 브러시 크기를 조정한 후 크기를 키운 브러시를 캔버스에서 콕콕 찍어 볼터치를 그려 줍니다.

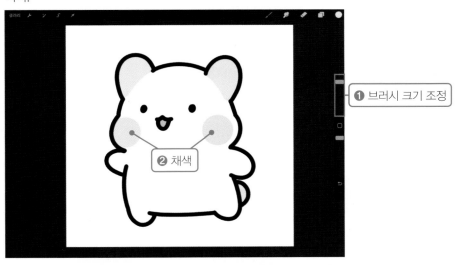

❶ 브러시 크기 조정

❷ 채색

CHAPTER 02
포토샵 알아보기

포토샵 무료 체험판을 다운로드하는 방법과 기본 사용법을 알아보겠습니다. 포토샵에는 많은 기능이 있지만 이모티콘을 제작할 때 유용하게 자주 사용하는 도구와 기능 위주로 살펴봅니다.

포토샵 무료 체험판 다운로드하기

어도비 사이트에 접속해 포토샵 무료 체험판 다운로드 방법에 대해 알아보겠습니다.

01 인터넷 주소창에 'adobe.com/kr'을 입력하여 어도비 사이트에 접속합니다. 오른쪽 상단의 [로그인]을 클릭하여 회원가입 및 로그인을 진행한 후 메뉴의 [크리에이티비티 및 디자인] – [Photoshop]을 클릭합니다.

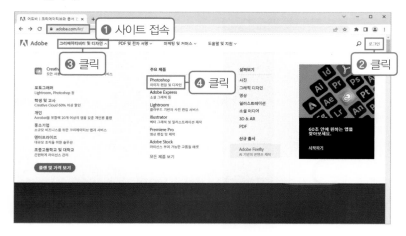

02 [무료 체험하기]를 클릭합니다.

03 플랜을 [개인]으로 선택하고 [Photoshop]을 선택한 후 [계속]을 클릭합니다. 7일 체험판 이후 진행할 구독 유형을 선택하고 [계속]을 클릭합니다. 예제에서는 [연간, 매월 지불]을 선택했습니다.

04 이메일 주소를 입력하고 약관 내용을 확인합니다. 필수 항목을 모두 체크한 후 [계속]을 클릭합니다. 결제 정보를 입력한 후 [무료 체험기간 시작]을 클릭하면 이후 과정을 거쳐 포토샵을 설치할 수 있습니다.

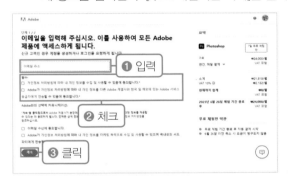 

무료 체험판 취소 날짜 확인

화면 오른쪽 하단의 '무료 체험판 약관'에서 무료 체험판 취소 가능한 날짜를 확인합니다. 무료 체험 기간이 끝나면 자동으로 결제가 진행되기 때문에 무료 체험판 이용 후 자동 결제를 원치 않는다면 체험 기간이 끝나기 전 플랜을 취소합니다.

포토샵 기본 사용법 알아보기

포토샵은 래스터 그래픽(비트맵) 프로그램으로 이모티콘을 만들 때 사용하기 좋습니다. 만약 카카오 이모티콘을 제안한다면 승인 후 최종 파일을 포토샵으로 작업해야 하기 때문에 이모티콘을 만들 때 필수적인 프로그램이라 할 수 있습니다. 이모티콘 제작에 필요한 포토샵의 기본적인 사용법을 알아보겠습니다.

새로운 캔버스 만들기

[파일] – [새로 만들기] 또는 단축키 Ctrl + N을 누르면 새로운 캔버스를 만들 수 있습니다. 이모티콘을 만들 때는 캔버스의 폭과 높이를 '1080 픽셀'로 설정하고, 해상도는 '72 픽셀/인치', 색상 모드는 'RGB 색상'으로 설정합니다.

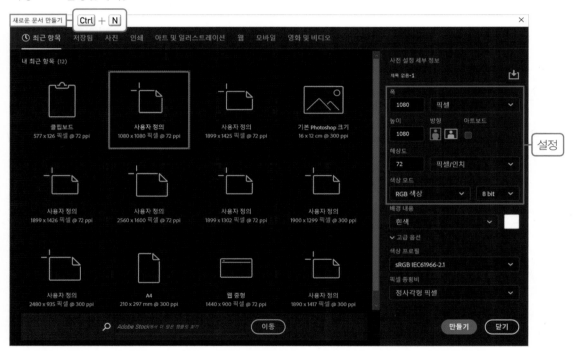

포토샵 인터페이스 살펴보기

캔버스를 만들면 나오는 포토샵 작업 화면입니다. 먼저 포토샵의 전체 UI(사용자 인터페이스)를 살펴보겠습니다.

❶ **메뉴바:** 메뉴바는 포토샵의 메뉴를 탭별로 모아놓은 곳으로 파일, 편집, 이미지, 레이어 등 다양한 메뉴가 있습니다.

❷ **옵션바:** 현재 선택된 도구의 설정을 바꿀 수 있습니다. 도구에 따라 옵션이 달라집니다.

❸ **툴바:** 여러 가지 도구가 모여 있는 곳으로 도구 오른쪽 하단에 작은 삼각형이 있다면 도구 그룹이 숨어있다는 뜻입니다. 해당 도구를 길게 클릭하면 도구 그룹을 볼 수 있습니다.

❹ **패널:** 보통 화면 오른쪽에 있는 창을 패널이라고 합니다. 패널에서는 여러 가지 작업을 할 수 있고 메뉴바의 [창] 메뉴에서 원하는 패널을 활성화할 수 있습니다.

이모티콘 작업에 최적화된 작업 화면

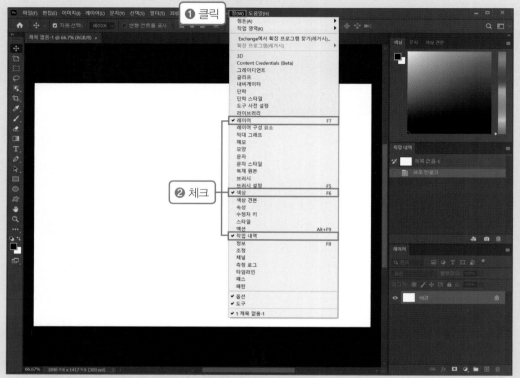

이모티콘 작업에 최적화된 작업 화면입니다. 메뉴바의 [창] 메뉴에서 [레이어], [색상], [작업 내역]을 체크하여 꺼내고 자주 사용하지 않는 패널은 체크 해제합니다.

레이어 패널 살펴보기

이모티콘을 작업할 때 많이 사용하지만 초보자분들에게 조금 생소할 수 있는 레이어 패널의 각 명칭과 특징을 알아보겠습니다.

❶ **레이어 검색 및 필터링:** 레이어를 검색할 수 있으며 픽셀 레이어, 조정 레이어, 문자 레이어, 모양 레이어, 고급 개체 레이어로 필터링할 수 있습니다.

❷ **혼합 모드:** 레이어의 모드를 설정합니다.

❸ **잠금:** 레이어의 잠금을 설정합니다.

❹ **불투명도와 칠:** 레이어와 효과의 투명도를 조절할 수 있습니다.

❺ **배경 레이어:** 배경이 되는 레이어입니다. 더블 클릭하면 일반 레이어로 변경됩니다.

❻ **레이어 연결:** 여러 개의 레이어를 연결하여 함께 이동하거나 변형합니다.

❼ **레이어 스타일:** 레이어 스타일을 설정하거나 다양한 효과를 주고 싶을 때 사용합니다.

❽ **레이어 마스크:** 사진을 보정하거나 합성할 때 자주 사용하는 기능입니다.

❾ **조정 및 칠 레이어:** 레이어의 색상과 색조를 조정하거나 단색, 그레이디언트, 패턴 등으로 레이어를 칠할 때 사용합니다.

❿ **레이어 그룹:** 레이어를 그룹화합니다.

⓫ **새 레이어:** 새로운 레이어를 만듭니다.

⓬ **레이어 삭제:** 레이어를 삭제합니다.

포토샵에서 자주 사용하는 도구와 타임라인 기능 알아보기

포토샵에서 이모티콘을 작업할 때 자주 사용하는 도구와 움직이는 이모티콘을 만들 때 사용하는 타임라인 기능을 알아보겠습니다.

포토샵에서 자주 사용하는 도구 살펴보기

여러 가지 도구가 모여 있는 툴바를 살펴보겠습니다. 툴바에 있는 기본 도구의 기능만 알아도 이모티콘 작업을 무리 없이 할 수 있습니다.

① **이동 도구:** 선택한 영역 또는 레이어를 이동할 수 있습니다.

② **대지 도구:** 대지를 추가하거나 삭제할 수 있고 크기를 조절할 수 있습니다.

③ **사각형 선택 윤곽 도구:** 사각형 모양으로 선택할 수 있습니다. 선택된 영역은 점선으로 표시됩니다.

④ **올가미 도구:** 자유롭게 선택할 수 있습니다. 선택된 영역은 점선 형태로 표시됩니다.

⑤ **개체 선택 도구:** 인공지능이 개체를 인식하여 자동으로 개체를 선택합니다.

⑥ **자르기 도구:** 캔버스를 자르거나 확대할 수 있습니다.

⑦ **스포이드 도구:** 클릭한 부분의 색상을 추출합니다.

⑧ **브러시 도구:** 다양한 크기와 스타일의 브러시를 칠할 수 있습니다.

⑨ **지우개 도구:** 캔버스를 클릭하거나 드래그하여 지울 수 있습니다.

⑩ **문자 도구:** 다양한 폰트의 문자를 입력할 수 있습니다.

⑪ **전경색/배경색:** 전경색과 배경색을 설정합니다. 키보드의 ⓧ를 눌러 전경색과 배경색을 전환할 수 있고 ⓓ를 누르면 전경색은 검은색, 배경색은 흰색으로 변경됩니다.

타임라인 기능 살펴보기

타임라인은 애니메이션을 만들 때 사용하는 기능입니다. 메뉴바의 [창]에서 [타임라인]을 활성화하면 사용할 수 있습니다. 레이어 또는 그룹 레이어가 하나의 프레임이 됩니다.

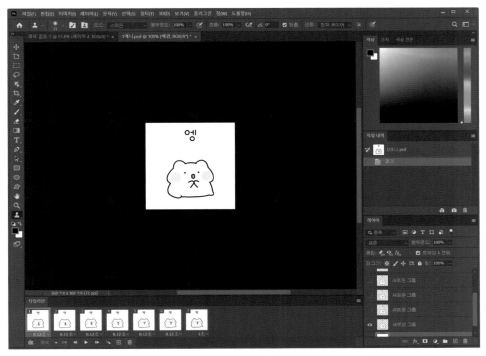

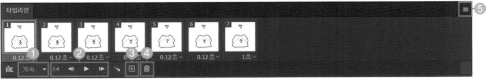

❶ **루프 개수 조정:** 애니메이션의 반복 횟수를 조정합니다.

❷ **재생:** 애니메이션을 재생합니다.

❸ **프레임 복제:** 선택한 프레임을 복제합니다.

❹ **프레임 삭제:** 선택한 프레임을 삭제합니다.

❺ **옵션:** 타임라인 패널의 옵션을 설정합니다.

자주 사용하는 포토샵 단축키

포토샵에서 이모티콘을 작업할 때 자주 사용하는 단축키를 소개합니다. 포토샵의 전체 단축키 중 활용도가 높은 것만 골라 정리했습니다. 아래 단축키를 외워두면 포토샵 작업 속도를 월등히 높일 수 있습니다.

✓ 파일 단축키

Ctrl + N 새로 만들기

Ctrl + O 파일 열기

Ctrl + S 파일 저장

Ctrl + Shift + S 다른 이름으로 저장

Ctrl + Alt + Shift + S 웹용으로 저장

✓ 레이어 단축키

Ctrl + J 레이어 복사

Ctrl + Shift + N 새로운 레이어 추가

Ctrl + Shift + A 레이어 전체 선택

Ctrl + E 레이어 병합

Ctrl + Shift + E 보이는 레이어 병합

Ctrl + G 레이어 그룹 추가

Ctrl + Shift + G 레이어 그룹 해제

✓ 선택, 편집 단축키

Ctrl + A 전체 선택

Ctrl + D 선택 해제

Ctrl + C 복사하기

Ctrl + V 붙여넣기

Ctrl + X 잘라내기

Ctrl + Shift + V 같은 자리에 붙여넣기

Ctrl + T 자유 변형

Ctrl + Alt + I 이미지 크기 조절

Ctrl + Alt + C 캔버스 크기 조절

[,] 브러시 크기 조절

✓ 화면 단축키

`Ctrl` + `+` 화면 확대

`Ctrl` + `-` 화면 축소

`Alt` + **마우스 휠** 화면 확대/축소

`Ctrl` + `0` 화면 크기에 맞게 조정

`Spacebar` + **마우스** 화면 이동

✓ 도구 단축키

`V` 이동 도구

`W` 자동 선택 도구

`I` 스포이드 도구

`B` 브러시 도구

`E` 지우개 도구

`G` 페인트 통 도구

`T` 문자 도구

`Delete` 삭제

✓ 작업 내역 단축키

`Ctrl` + `Z` 작업 취소

`Ctrl` + `Alt` + `Z` 이전 단계

`Ctrl` + `Shift` + `Z` 다음 단계

나만의 단축키 설정하기

메뉴바의 [편집] – [바로 가기 키] 또는 단축키 `Ctrl` + `Alt` + `Shift` + `K`를 누르면 나오는 바로 가기 키 및 메뉴 창에서 나만의 단축키를 설정할 수 있습니다. 자신에게 편한 단축키를 설정해 봅니다.

먼저 비교적 간단한 멈춰있는 이모티콘을 만든 다음 움직이는 이모티콘의 애니메이션 원리에 대해 알아본 후 움직이는 이모티콘을 만들어 보겠습니다. 앞에서 배운 프로크리에이트와 포토샵을 사용합니다.

PART 05

이모티콘 만들기

멈춰있는 이모티콘 만들기

CHAPTER 01

카카오 이모티콘 스튜디오 제작 가이드를 기준으로 멈춰있는 이모티콘을 만들어 보겠습니다. 이전에 그린 러프스케치를 불러와 깔끔하게 그린 후 멘트까지 작업해 봅니다.

러프스케치 불러오기

멈춰있는 이모티콘을 작업하기 위해 러프스케치를 불러옵니다. [PART 03 실전! 이모티콘 만들기 〉 CHAPTER 03 이모티콘 콘티 만들기 〉 러프스케치하기]에서 그린 러프스케치를 불러와도 좋고, 준비 파일로 제공하는 '러프스케치.procreate' 파일을 불러와도 좋습니다.

러프스케치를 이미지로 저장하기　　　　📁 **준비 파일 |** P05\Ch01\러프스케치.procreate

01　프로크리에이트에서 [가져오기]를 터치해 '러프스케치.procreate' 파일을 불러옵니다. 이전에 개인적으로 그린 러프스케치 파일을 사용해도 좋습니다.

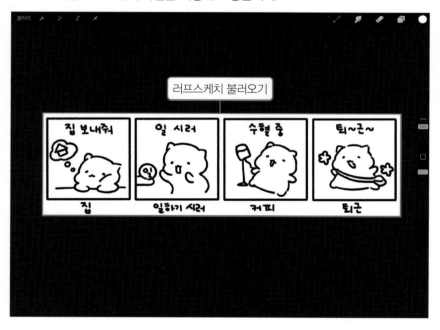

02 [동작 도구]를 터치한 후 [공유]에서 [JPEG] 또는 [PNG]를 터치합니다.

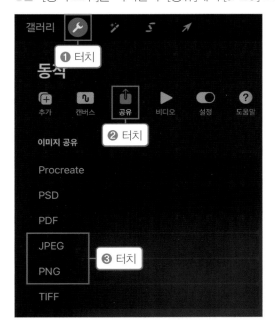

03 [이미지 저장]을 터치합니다. 러프스케치 파일을 아이패드 갤러리에 이미지로 저장하였습니다.

캔버스 설정하기

01 오른쪽 상단의 [+]를 터치한 후 을 터치합니다.

02 [사용자지정 캔버스]의 [크기]를 터치하고 너비와 높이를 '1080 px', DPI를 '72'로 설정합니다.

캔버스 크기 설정하기

카카오 이모티콘 스튜디오 제작 가이드를 보면 멈춰있는 이모티콘의 제작 크기는 '360×360 px'이지만 아직 캔버스에서 캐릭터를 그리는 것이 익숙하지 않기 때문에 캔버스 크기를 더 크게 설정했습니다. 이모티콘을 완성하고 제안하기 전에 제작 크기에 맞춰 줍니다.

03 [색상 프로필]의 [RGB] 탭에서 'sRGB IEC61966–2.1'을 선택한 후 [창작]을 터치합니다.

러프스케치 삽입하기

01 [동작 도구] – [추가]에서 [사진 삽입하기]를 터치합니다.

02 사진을 삽입하면 변형 도구가 활성화됩니다.

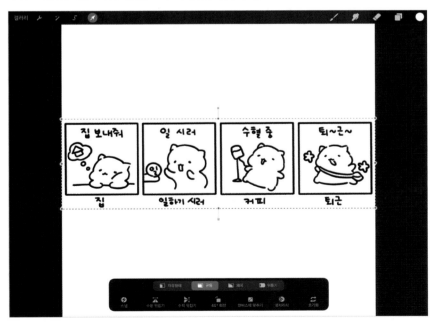

03 러프스케치의 선을 깔끔하게 그리기 위해 러프스케치를 캔버스 크기에 맞게 조절한 후 [변형 도구]를 터치합니다.

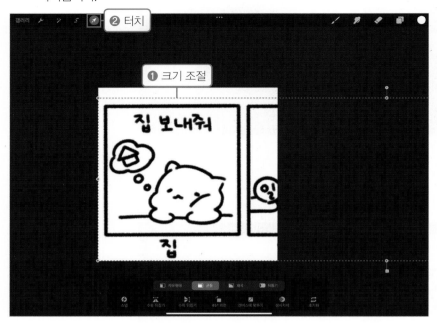

04 러프스케치가 캔버스 크기에 맞춰 조절됩니다.

러프스케치 깔끔하게 그리기

러프스케치를 깔끔하게 다시 그리기 위해 러프스케치 레이어의 불투명도를 낮추고 새로운 선 레이어를
추가하겠습니다.

레이어 설정하기

01 오른쪽 상단의 [레이어 도구]를 터치합니다.

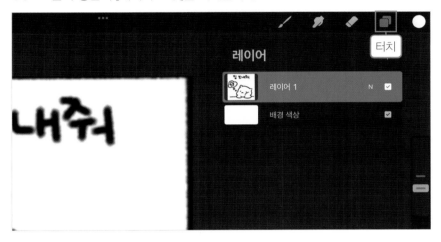

02 '레이어 1' 레이어의 [N]을 터치한 후 불투명도를 '20%'로 설정합니다.

03 [+]를 터치하여 새로운 레이어를 추가합니다.

04 새로 만든 '레이어 2' 레이어를 터치하고 [이름변경]을 터치하여 레이어의 이름을 '선'으로 변경합니다.

브러시로 깔끔하게 그리기

01 오른쪽 상단의 [브러시 도구]를 터치하여 '이모티콘 1' 브러시를 선택합니다. 자신의 이모티콘 캐릭터와 어울리는 브러시를 선택해도 좋습니다.

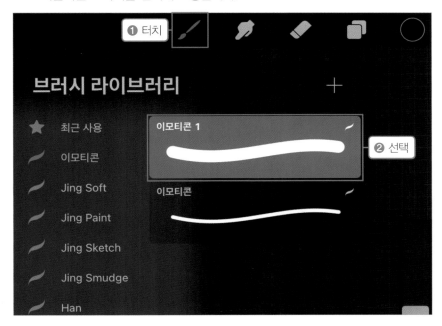

02 브러시의 크기를 조정합니다. 브러시의 크기는 캔버스의 크기와 브러시의 종류에 따라 달라지기 때문에 직접 그려보면서 적당한 크기로 조정하는 것이 좋습니다.

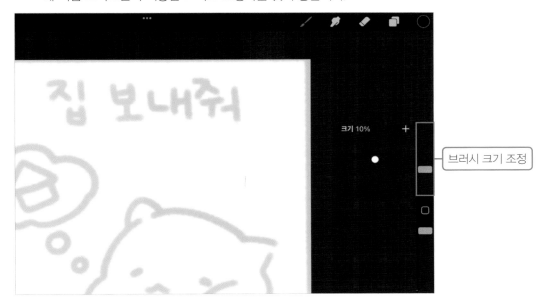

03 러프스케치를 브러시로 따라 그리며 깔끔하게 캐릭터를 그려 줍니다.

캐릭터 그리기

04 [레이어 도구]를 터치하고 [+]를 터치하여 새로운 레이어를 만듭니다. 새로운 레이어를 한 번 더 터치하여 [이름변경]을 터치한 후 레이어의 이름을 '소품'으로 변경합니다.

05 소품 레이어에는 소품을 깔끔하게 그려 줍니다. 캐릭터, 소품, 멘트 레이어를 나눠서 작업하는 것이 좋습니다.

소품 그리기

캐릭터 기본형으로 부피감 맞추기

이모티콘은 종류에 따라 24개, 32개의 시안이 필요합니다. 여러 시안을 그리다 보면 캐릭터의 부피감이 달라져 통일감이 떨어질 수 있습니다. 캐릭터의 부피감을 맞추기 위해 캐릭터의 정면 모습을 미리 캔버스 크기에 맞춰 그리고 JPEG나 PNG로 저장합니다. 러프스케치의 선을 깔끔하게 그리는 작업을 할 때 저장해 둔 정면 모습의 사진을 삽입하여 불투명도를 낮추고 그 위에서 작업하면 캐릭터의 부피감을 통일할 수 있습니다.

이모티콘 멘트 작업하기

멘트가 있는 이모티콘이면 멘트를 작업해야 합니다. 직접 손글씨로 멘트를 적을 수도 있고, 상업적으로 이용이 가능한 폰트를 다운로드해 사용할 수도 있습니다.

손글씨로 멘트 작업하기

01 오른쪽 상단의 [레이어 도구]를 터치한 후 [+]를 터치해 새로운 레이어를 만듭니다.

02 새로운 레이어를 한 번 더 터치해 [이름변경]을 터치한 후 레이어의 이름을 '멘트'로 변경합니다.

03 [동작 도구]를 터치한 후 [캔버스]에서 [그리기 가이드]를 활성화합니다. 격자 그리기 가이드가 켜지지 않는다면 [그리기 가이드 편집]에서 설정합니다.

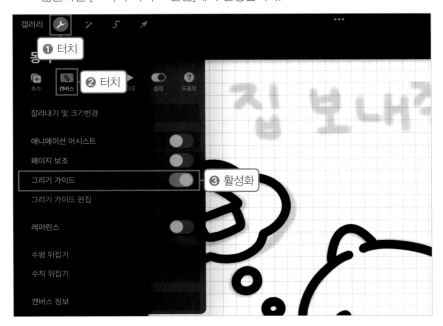

04 멘트 레이어에서 러프스케치의 멘트를 따라 적습니다.

05 [변형 도구]를 터치한 후 [스냅]을 터치하여 활성화합니다.

06 멘트를 주황색 선에 맞춰 캔버스 가운데 배치합니다.

폰트 다운로드해 멘트 작업하기

01 폰트로 멘트를 작업하는 방법을 알아보겠습니다. 아이패드에서 '눈누(noonnu.cc)' 사이트에 접속한 후 상업적으로 이용이 가능한 폰트를 찾기 위해 [모든 폰트] 메뉴를 터치합니다. [허용 범위]를 터치해 모두 체크한 후 검색합니다.

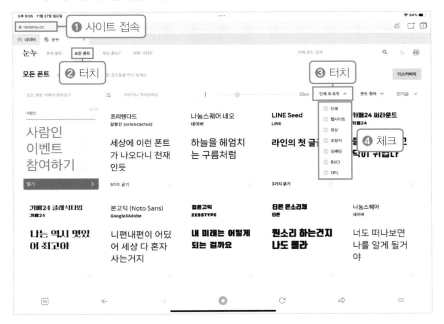

상업적으로 이용 가능한 폰트 사용하기

폰트로 이모티콘 멘트를 작업할 때는 반드시 상업적으로 이용이 가능한 폰트를 사용해야 합니다. 상업적으로 이용 가능한 폰트를 다운로드할 수 있는 사이트로는 '눈누(noonnu.cc)'와 'Adobe Fonts(fonts.adobe.com)'가 있습니다.

02 원하는 폰트를 찾고 라이선스를 확인한 후 다운로드합니다. 예제에서는 '카페24 써라운드'를 다운로드 했습니다.

라이선스 본문

개인 및 기업 사용자에게 무료로 제공됩니다.
웹디자인, 출판, 웹폰트, CI/BI 제작, 영상 제작 및 자막, 소프트웨어의 번들,
특정 프로그램의 임베드 등에 자유롭게 이용하실 수 있습니다.
단, 폰트 자체를 유료로 판매하는 행위는 금지합니다.
카페24 폰트를 사용한 결과물은 카페24의 프로모션을 위해 활용될 수 있습니다.
이를 원치 않는 사용자는 언제든지 당사로 연락 주시기 바랍니다.

라이선스 요약표

카테고리	사용 범위	허용여부
인쇄	브로슈어, 포스터, 책, 잡지 및 출판용 인쇄물 등	O
웹사이트	웹페이지, 광고 배너, 메일, E-브로슈어 등	O
영상	영상물 자막, 영화 오프닝/엔딩 크레딧, UCC 등	O
포장지	판매용 상품의 패키지	O
임베딩	웹사이트 및 프로그램 서버 내 폰트 탑재, E-book 제작	O
BI/CI	회사명, 브랜드명, 상품명, 로고, 마크, 슬로건, 캐치프레이즈	O
OFL	폰트 파일의 수정/ 복제/ 배포 가능. 단, 폰트 파일의 유료 판매는 금지	O

※ 위 사용범위는 참고용으로, 정확한 사용범위는 이용 전 폰트 제작사에 확인바랍니다.
사용범위는 폰트 제작사의 규정에 따라 달라질 수 있습니다.

03 zip 파일이 나타나면 오른쪽 상단의 ⬆ 을 터치한 후 [파일에 저장]을 터치합니다.

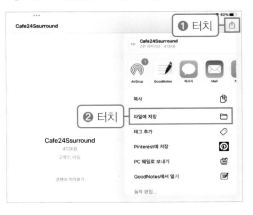

04 오른쪽 상단의 🗁 을 터치하여 '폰트' 폴더를 새로 만들어 줍니다. '폰트' 폴더를 선택한 후 [저장]을 터치합니다.

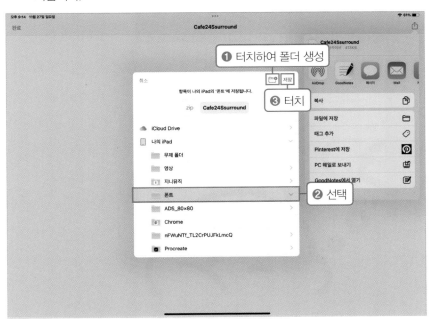

05 아이패드의 파일 앱에서 [나의 iPad]를 터치한 후 [폰트] 폴더를 터치합니다.

06 다운로드한 'Cafe24Ssurround.zip' 파일을 한 번 터치하면 압축이 풀립니다.

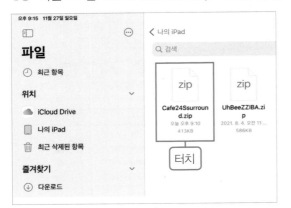

07 다시 프로크리에이트 앱을 열고 [동작 도구] – [추가]를 터치한 후 [텍스트 추가]를 터치합니다.

08 멘트와 동일하게 텍스트를 입력한 후 키보드 오른쪽 상단의 [Aa]를 터치합니다.

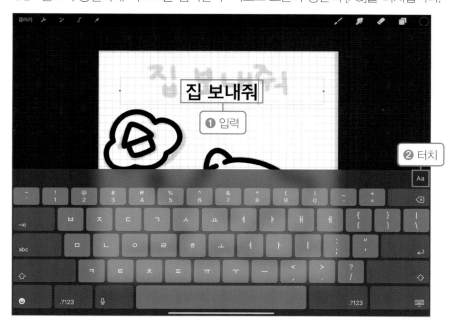

09 오른쪽 상단의 [서체 가져오기]를 터치한 후 다운로드한 폰트를 터치합니다.

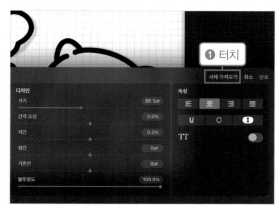

10 서체 목록에 'Cafe24' 폰트가 새로 생겼습니다. 서체를 'Cafe24, Bold'로 설정하고, 크기를 '158.7pt'로 설정한 후 [완료]를 터치합니다.

11 [변형 도구]를 터치한 후 [스냅]을 터치합니다. 멘트를 주황색 선에 맞춰 캔버스 가운데 배치합니다.

폰트 위에 따라 쓰기

만약 선택한 폰트가 이모티콘 캐릭터를 그린 브러시의 굵기와 너무 다르거나 다운로드한 폰트의 느낌이 딱딱해서 싫다면 그 위에 따라 쓰는 방법도 있습니다. 멘트를 입력한 레이어의 불투명도를 낮추고 새로운 레이어를 생성하여 폰트를 따라 쓰면 됩니다. 그러면 조금 더 자연스러운 손글씨 느낌의 멘트가 완성됩니다.

이모티콘 채색하기

이모티콘을 채색하겠습니다. 채색 작업을 할 때에도 레이어를 나눠서 작업하겠습니다. 나중에 수정하기 좋게 레이어를 나눠서 작업하는 습관을 들이는 것을 추천합니다.

몸통 칠하기

01 먼저 필요 없는 레이어를 삭제하겠습니다. [레이어 도구]를 터치한 후 예제에서는 '집 보내줘' 레이어, '멘트' 레이어, '레이어 1' 레이어를 선택하여 삭제합니다.

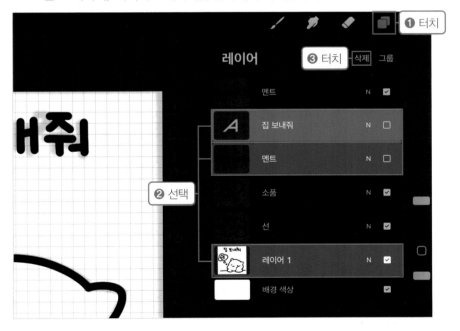

02 [+]를 터치하여 새로운 레이어를 만든 후 새로운 레이어를 한 번 더 터치해 [이름변경]을 터치합니다.
레이어의 이름을 '채색'으로 변경한 후 '선' 레이어 아래 배치합니다.

03 '배경 색상' 레이어를 터치한 후 배경 색상을 약간 어두운 색상으로 선택하고 [완료]를 터치합니다.

04 [색상 도구]를 터치하고 캐릭터 몸통 색상을 선택합니다. 예제에서는 몸통을 흰색으로 설정하였습니다.

05 [레이어 도구]를 터치하고 '채색' 레이어를 선택합니다. [브러시 도구]를 터치한 후 브러시로 몸통을 채색합니다.

디테일 칠하기

01 [레이어 도구]의 [+]를 터치해 '디테일' 레이어와 '소품' 레이어를 새로 만들어 줍니다. '디테일' 레이어에서는 캐릭터의 무늬나 볼터치와 같은 디테일한 작업을 할 것이기 때문에 '채색' 레이어보다 위에 있어야 합니다.

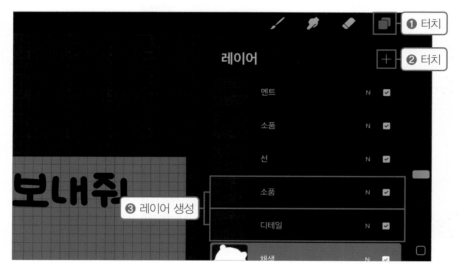

02 '디테일' 레이어와 '소품' 레이어에서 각각 원하는 색상으로 이모티콘을 채색합니다.

03 배경 색상을 다시 흰색으로 변경한 후 [동작 도구]의 [캔버스]에서 [그리기 가이드]를 비활성화합니다.

 레퍼런스 기능으로 간편하게 채색하기

이모티콘을 채색할 때 브러시로 하나하나 채색해도 좋지만 '레퍼런스 기능'으로 간편하게 채색할 수 있습니다. 만약 레퍼런스 기능을 사용할 것이라면 캐릭터에 뚫려 있는 선이 없어야 합니다. 채색하려는 캐릭터의 '선' 레이어를 터치하여 '레퍼런스 기능'을 활성화합니다. 그리고 '채색' 레이어를 터치한 후 [색상 도구]를 터치하여 캔버스에 원하는 색상을 드래그 앤 드롭합니다.

프로크리에이트와 포토샵으로 이모티콘 저장하기

자신이 제안하려는 플랫폼의 제작 가이드에 맞춰 파일을 저장합니다. 예제에서는 카카오 이모티콘 스튜디오 제작 가이드를 기준으로 '360×360 px'의 PNG 파일로 저장하겠습니다. 파일을 저장하는 방법에는 프로크리에이트로 저장하는 방법과 포토샵으로 저장하는 방법이 있습니다.

프로크리에이트로 파일 저장하기

01 프로크리에이트로 파일을 저장할 때는 원본 파일을 남겨야 합니다. 완성한 원본 캔버스를 선택합니다.

02 캔버스를 선택한 후 [복제]를 터치하여 캔버스를 복제합니다.

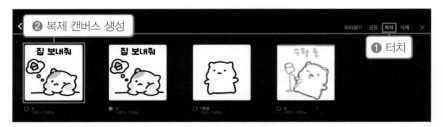

03 원본 캔버스와 구분하기 위해 캔버스의 이름 부분을 터치하여 이름을 '1원본'으로 변경합니다.

04 복제한 캔버스를 열고 [동작 도구]를 터치한 후 [캔버스]의 [잘라내기 및 크기변경]을 터치합니다.

05 [설정]을 터치하고 [캔버스 리샘플]을 활성화합니다.

06 캔버스 크기를 '360×360 px'로 설정한 후 [완료]를 터치합니다.

07 이모티콘의 배경 색상을 투명하게 만들기 위해 [레이어 도구]를 터치하여 '배경 색상' 레이어를 체크 해제합니다.

08 [동작 도구]를 터치한 후 [공유]에서 [PNG]를 터치합니다.

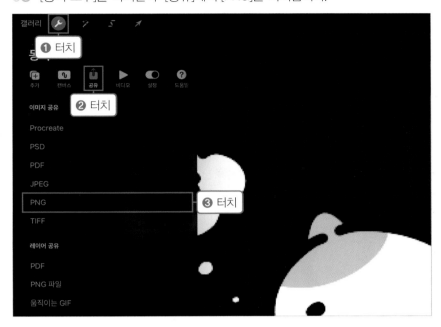

09 [이미지 저장]을 터치합니다. PNG 이미지로 저장을 완료했습니다.

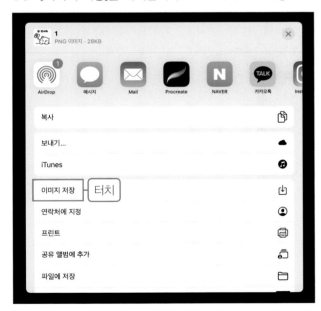

포토샵으로 파일 저장하기

01 포토샵으로 파일을 저장할 때는 포토샵에서 크기를 수정하기 때문에 캔버스를 복제하지 않아도 됩니다. [동작 도구]를 터치한 후 [공유]에서 [PSD]를 터치합니다. 만약 한 번에 많은 캔버스를 내보낼 경우에는 캔버스를 모두 선택한 후 공유합니다.

02 카카오톡, 메일, 클라우드 등 컴퓨터에 파일을 저장할 경로를 선택합니다. 예제에서는 카카오톡을 선택해 '나와의 채팅'에 파일을 보낸 후 컴퓨터에 저장하겠습니다. 만약 PC 카카오톡이 설치되어 있지 않다면 파일을 자신의 메일이나 클라우드로 보낸 후 다운로드합니다.

03 [파일] – [열기] 명령으로 카카오톡에서 저장한 파일을 불러옵니다.

04 메뉴바의 [이미지] – [이미지 크기]를 클릭하거나 단축키 Alt + Ctrl + I 를 누릅니다.

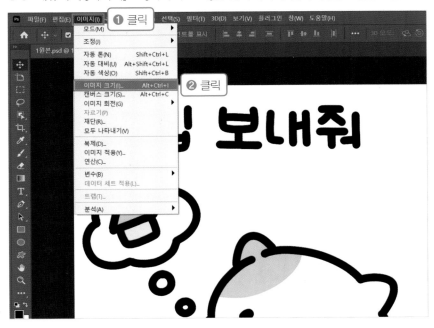

05 이미지 크기 창에서 폭과 높이를 '360 픽셀'로 설정하고, 해상도는 '72 픽셀/인치'로 설정한 후 [확인]을
클릭합니다.

06 레이어 패널에서 '배경' 레이어의 눈을 클릭해 끕니다.

07 메뉴바의 [파일]을 클릭한 후 [내보내기] – [웹용으로 저장]을 클릭합니다.

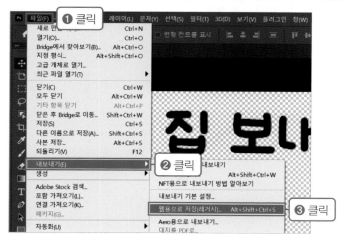

08 파일 형식을 'PNG-24'로 설정한 후 [저장]을 클릭합니다.

 여기서 잠깐!

캔버스 크기를 변경했더니 이모티콘이 깨져 보여요.

▲ 캔버스 크기가 '360×360 px'일 때

▲ 캔버스 크기가 '1080×1080 px'일 때

캔버스 크기를 '1080×1080 px'에서 '360×360 px'로 작게 줄였기 때문에 이모티콘이 깨져 보일 수 있습니다. 당연한 현상이고 파일에는 이상이 없으니 걱정하지 않아도 됩니다.

이모티콘 선 두께 비교하기

이모티콘은 선 두께에 따라 느낌이 달라지기 때문에 이모티콘을 그릴 때 선을 너무 얇거나 두껍게 그리지 않았는지 확인해야 합니다. 이모티콘 뷰어를 통해 이모티콘의 선 두께를 확인하는 방법을 알아보겠습니다.

이모티콘의 선 두께를 결정하기 위해서 선 두께를 달리하여 동일한 이모티콘을 그린 후 비교해 보는 것이 좋습니다. 선을 두껍게 또는 얇게 변경해서 이모티콘을 그리고 이미지 파일로 저장합니다. 카카오 이모티콘 뷰어(emoticonstudio.kakao.com/emoticon_viewer)를 검색해 사이트에 들어간 후 아이패드의 화면 분할 기능으로 한 쪽에 갤러리 앱을 열어 줍니다. 그리고 갤러리에서 이모티콘 이미지를 길게 터치한 후 이모티콘 뷰어로 드래그합니다.

여러 가지 두께로 그린 이모티콘을 이모티콘 뷰어에서 확인한 후 자신이 원하는 느낌의 이모티콘으로 만들어 봅니다. 캐릭터의 크기, 선 두께, 색상 등 구상한 요소가 괜찮을지 궁금할 때는 카카오 이모티콘 뷰어를 사용하는 것이 좋습니다. 채팅방에서 이모티콘이 어떻게 보이는지 체크하고 캐릭터를 수정합니다.

CHAPTER 02
애니메이션 원리 알아보기

움직이는 이모티콘은 캐릭터의 움직임을 여러 프레임으로 나눠서 그려야 합니다. 동작을 자연스럽게 만들기 위해 먼저 애니메이션의 기본 원칙을 살펴보고 움직이는 이모티콘으로 만들 수 있는 다양한 동작과 효과를 알아보겠습니다.

애니메이션 기본 원칙 살펴보기

월트디즈니의 애니메이터 프랭크 토머스(Frank Thomas)와 올리 존스톤(Ollie Johnston)이 만든 '애니메이션 12가지 기본 원칙' 중 움직이는 이모티콘을 만들 때 참고하면 좋은 원칙을 알아보겠습니다. 준비 파일을 다운로드하면 각각의 동작을 확인할 수 있습니다.

Squash & Stretch(찌그러짐 & 늘어남)　📁 준비 파일 | P05\Ch02\01\Squash & Stretch.gif, 엥ㅎ.gif

▲ Squash & Stretch 원칙을 적용한 그림　　　　▲ Squash & Stretch 원칙을 적용하지 않은 그림

Squash & Stretch 원칙은 물체의 속도, 탄력, 무게, 질량을 강조하기 위해 찌그러지거나 늘어나는 원칙입니다. 공이 위에서 떨어지는 그림을 그려보았습니다. 왼쪽의 그림은 동작이 자연스럽고 공이 말랑하면서 부드러워 보이지만, 오른쪽의 그림은 동작이 조금 어색하고 공이 딱딱해 보입니다.

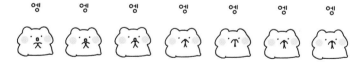

▲ Squash & Stretch 원칙을 적용한 '디듀-엥ㅎ'

이 원칙을 이모티콘 캐릭터에 적용할 때는 얼굴이나 몸에 적용하는 것이 좋습니다. 대신 캐릭터의 너비가 늘어나면 길이를 줄이는 방식으로 기본 부피를 유지해야 합니다. '엥ㅎ' 이모티콘을 보면 캐릭터가 놀랄 때 가로로 찌그러졌다가 세로로 늘어나게 그려 동작에 쫀득함을 넣었습니다.

Anticipation(사전 동작)

■ 준비 파일 | P05\Ch02\02\Anticipation.gif, 엥ㅋ.gif

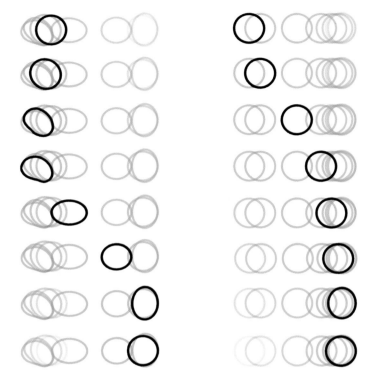

▲ Anticipation 원칙을 적용한 그림   ▲ Anticipation 원칙을 적용하지 않은 그림

Anticipation 원칙은 물체가 움직이기 전에 하는 사전 동작을 표현하는 원칙입니다. 공이 오른쪽으로 이동하는 그림을 그려보았습니다. 왼쪽의 그림은 공이 오른쪽으로 이동하기 전에 살짝 왼쪽으로 갔다가 오른쪽으로 이동합니다. 오른쪽의 그림은 이러한 과정 없이 공이 바로 오른쪽으로 이동합니다. 왼쪽의 그림처럼 움직이기 전에 사전 동작을 추가하면 자연스럽고 사실적인 표현을 할 수 있습니다.

▲ Anticipation 원칙을 적용한 '디듀—엥ㅋ'

사전 동작은 진행할 동작의 반대 방향으로 동작을 그리면 됩니다. 움직이는 이모티콘에서 점프하는 동작을 그릴 때 처음에 앉는 동작을 넣는 것도 사전 동작에 포함됩니다. '엥ㅋ' 이모티콘의 칭찬하는 동작을 보면 점프를 하기 전에 살짝 앉았다가 뛰는 동작을 넣었고, 착지할 때는 Squash & Stretch 원칙도 함께 적용해 그렸습니다.

Straight ahead & Pose to pose(순서대로 & 포즈 사이사이에)

📁 **준비 파일** | P05\Ch02\03\메롱이는 메롱이양.gif

▲ Straight ahead 원칙을 적용한 그림 ▲ Pose to pose 원칙을 적용한 그림

Straight ahead & Pose to pose 원칙은 애니메이션을 그리는 방식입니다. Straight ahead 원칙은 동작을 순서대로 그리는 방식입니다. 움직이는 이모티콘을 그릴 때 Straight ahead 원칙을 적용해 그린다면 첫 번째 프레임을 그린 후에 다음 프레임을 순서대로 그리면 됩니다. 불규칙한 동작이나 자연물을 그릴 때 효과적인 방법입니다.

Pose to pose 원칙은 주요 동작인 키 포즈(Key pose)를 앞뒤로 그린 후 그 사이의 동작을 그리는 방식입니다. 앞뒤로 기준이 되는 동작을 그려놨기 때문에 캐릭터나 물체의 부피를 일정하게 유지하기 좋고, 다음에 무엇을 그릴지 계획하기 편합니다.

꼭 두 가지 원칙 중 하나만 골라야 하는 것은 아니고 두 가지 원칙을 합쳐서 작업해도 됩니다. 움직이는 이모티콘은 24프레임 안으로 맞춰서 작업하면 되기 때문에 자신에게 조금 더 편한 방식으로 동작을 그려 봅니다.

▲ Straight ahead 원칙을 적용한 '디듀-메롱이는 메롱이양~'

'메롱이는 메롱이양~' 이모티콘의 경고하는 동작을 보면 머니건에서 경고 카드가 어떤 방향으로 나갈지 예측하기 어려워 Straight ahead 원칙을 적용해 동작을 순서대로 그렸습니다. 이렇게 다음 동작을 예측하기 힘든 경우 Straight ahead 원칙을 적용하는 것이 좋습니다.

Follow through & Overlapping(끌려오기 & 지연되기)

📁 준비 파일 | P05\Ch02\04\Follow through & Overlapping.gif, 쮸구리는 당당해 2.gif

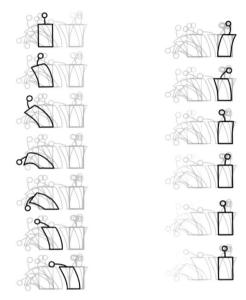

▲ Overlapping 원칙을 적용한 그림   ▲ Follow through 원칙을 적용한 그림

Follow through & Overlapping 원칙은 동작의 시차와 관련된 원칙으로 Anticipation 원칙과 반대 개념이라고 생각하면 됩니다. Overlapping 원칙은 사물에 달린 일부의 움직임이 중심이 되는 사물의 움직임보다 지연되는 것입니다. 왼쪽 그림을 보면 막대가 왼쪽으로 휘어졌는데 달려 있는 공이 시차를 두고 조금 더 늦게 움직이는 것을 볼 수 있습니다.

Follow Through 원칙은 중심이 되는 사물이 움직임을 멈춰도 사물에 달린 일부가 계속해서 움직이다가 시차를 두고 동작을 멈추는 것입니다. 오른쪽 그림을 보면 막대가 오른쪽으로 이동한 후 동작을 멈췄는데도 달려 있는 공이 움직이다가 멈추는 것을 볼 수 있습니다.

▲ Follow through & Overlapping 원칙을 적용한 '디듀—쮸구리는 당당해 2'

이 원칙은 이모티콘 캐릭터의 귀, 꼬리, 머리 위에 달려 있는 장식 등과 같은 소품을 표현할 때 유용합니다. '쮸구리는 당당해 2' 이모티콘의 두 번째 프레임을 보면 Overlapping 원칙을 적용해 쮸구리의 얼굴이 오른쪽으로 향하지만, 초는 아직 왼쪽 방향을 향하고 있도록 그렸습니다. 마지막 프레임은 Follow through 원칙을 적용해 쮸구리의 얼굴이 왼쪽 방향일 때 초가 더 왼쪽으로 향해 있도록 그렸습니다.

Slow in & Slow out(느려지기 & 빨라지기)

📁 **준비 파일** | P05\Ch02\05\Slow in & Slow out.gif

▲ Slow in & Slow out 원칙을 적용한 그림　　　　　　▲ Slow in & Slow out 원칙을 적용하지 않은 그림

Slow in & Slow Out 원칙 중 Slow in 원칙은 속도가 점점 느려지는 원칙이고, Slow out 원칙은 속도가 빨라지는 원칙입니다. 공이 움직이는 그림을 그렸을 때 왼쪽의 그림은 공의 속도가 느렸다가 빨랐다가 다시 느려져 생동감이 느껴지지만, 오른쪽의 그림은 공의 속도를 확인할 수 없습니다.

애니메이션을 만들 때 속도에 차이가 있으면 캐릭터의 행동을 더 자연스럽게 표현할 수 있습니다. 만약 자동차의 움직임을 애니메이션으로 만든다면 Slow in & Slow out 원칙을 적용해 출발할 때 천천히 출발하고 속도가 붙어 빠르게 가다가 멈출 때 다시 느려지게 그릴 수 있습니다.

Timing(속도)

📁 **준비 파일** | P05\Ch02\06\Timing.gif, 엥!(프레임 많음).gif, 엥!(프레임 적음).gif

▲ 프레임이 많은 그림　　　　　　　　　　　　　　　▲ 프레임이 적은 그림

Timing은 프레임의 개수 및 간격과 관련된 원칙입니다. 첫 번째 동작과 마지막 동작 사이에 프레임 수가 많을수록 동작이 느려지고, 프레임 수가 적을수록 동작이 빨라집니다. 프레임의 개수와 재생 시간을 조절하며 애니메이션을 자연스럽게 만들어 봅니다.

▲ Timing 원칙을 적용한 '디듀-엥!'

'엥!' 이모티콘의 달리는 동작입니다. 프레임 수가 많으면 속도가 느리지만 더 자연스러운 동작을 만들 수 있고, 프레임 수가 적으면 속도가 빠른 동작을 만들 수 있습니다.

Exaggeration(과장)

📁 준비 파일 | P05\Ch02\07\ Exaggeration.gif, 메롱이는 메롱이양.gif

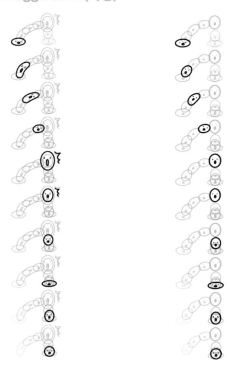

▲ Exaggeration 원칙을 적용한 그림   ▲ Exaggeration 원칙을 적용하지 않은 그림

Exaggeration은 과장된 표현과 관련된 원칙입니다. 공이 놀라는 그림을 그려보았습니다. 왼쪽의 그림은 Exaggeration 원칙을 적용해 놀라는 표정이 잘 보이게 크기를 키우고 놀라는 효과를 넣어 주었습니다. 이모티콘을 만들 때 캐릭터의 성격과 상황에 맞게 과장된 동작을 넣으면 더 재미있는 이모티콘을 만들 수 있습니다.

▲ Exaggeration 원칙을 적용한 '디듀—메롱이는 메롱이양~'

이모티콘 캐릭터의 표정, 행동, 크기 등으로 과장을 표현할 수 있습니다. '메롱이는 메롱이양~' 이모티콘의 지구를 부수는 동작을 보면 캐릭터가 지구를 부수기 전에 몸을 크게 늘리고 실제보다 작은 지구를 부수는 과장된 표현을 하였습니다.

움직이는 이모티콘의 여러 가지 동작 살펴보기

필자가 만든 움직이는 이모티콘의 여러 가지 동작을 함께 살펴보며 동작을 어떻게 구성했는지 알아보겠습니다. 프레임 수와 프레임 시간을 어떻게 설정하였는지 주의 깊게 살펴 봅니다. 예시로 든 이모티콘을 카카오 이모티콘샵에서 검색하여 책의 설명과 함께 이모티콘의 움직임을 확인하면 더 효과적으로 이해할 수 있습니다.

꽁쭈를 귀여워하거라! (여친)

'꽁쭈를 귀여워하거라! (여친)' 이모티콘의 귀여운 요술봉을 드는 동작입니다. 요술봉의 느낌이 나도록 요술봉이 아래에서 위로 움직일 때 반짝이 효과를 넣었습니다.

'꽁쭈를 귀여워하거라! (여친)' 이모티콘의 확성기로 핸드폰을 쓰러트리는 동작입니다. 캐릭터의 '대답하라!'는 멘트를 표현하기 위해 확성기가 커졌다 작아지게 표현하였습니다.

움직이는 이모티콘 프레임 시간 설정하기

움직이는 이모티콘은 프레임 시간에 따라 동작의 느낌이 달라집니다. 필자는 프레임마다 '0.12~0.15초' 사이로 설정하는 편입니다. 이모티콘의 콘셉트에 따라 '0.1초'로 짧게 설정할 수도 있고, '0.16초' 이상으로 길게 설정할 수도 있습니다. 꼭 모든 프레임의 시간을 같게 설정할 필요는 없으며 중간에 느리게 보여야 하는 부분이 있으면 프레임 시간을 길게 설정합니다. 보통 마지막 프레임은 '1초' 정도로 길게 설정해 캐릭터의 동작을 끝맺음합니다.

메롱이는 메롱이양~

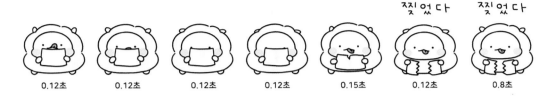

'메롱이는 메롱이양~' 이모티콘의 메롱하여 종이에 침을 묻힌 후 종이를 찢는 동작입니다. 캐릭터의 메롱 콘셉트를 살려 혀로 종이를 찢는 동작을 만들었습니다.

'메롱이는 메롱이양~' 이모티콘의 주머니를 뒤적거리다가 선물을 꺼내는 동작입니다. 선물 상자가 등장할 때 커졌다가 작아지게 그려 동작에 생동감을 주었습니다.

엥~

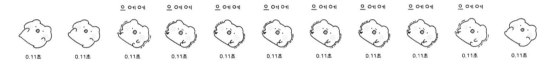

'엥~' 이모티콘의 윗몸 일으키기를 하는 동작입니다. 캐릭터 몸 주변에 효과선을 추가해 윗몸 일으키기를 힘들어하는 것을 표현하였습니다.

'엥~' 이모티콘의 하트를 던지는 동작입니다. 점프하는 동작을 표현하기 위해 점프하기 전 앉는 사전 동작을 그린 후 뛰는 동작을 그렸고 멘트에도 점프하는 효과를 주었습니다.

외향형 곰돌이 꽁아!

| 0.2초 | 0.13초 | 0.13초 | 선물 등장!
0.13초 | 선물 등장!
0.13초 | 선물 등장!
0.9초 |

'외향형 곰돌이 꽁아!' 이모티콘의 리본을 드는 동작입니다. 두 번째 프레임에서 리본의 끝이 아래로 향하게 그려 리본이 들어 올려지는 것을 자연스럽게 표현하였습니다.

| 0.2초 | 0.14초 | 0.14초 | 사랑해
0.14초 | 사랑해
0.14초 | 사랑해
0.9초 |

'외향형 곰돌이 꽁아!' 이모티콘의 하트를 얼굴 앞에 들고 있다가 옆으로 치워 얼굴이 보이게 하는 동작입니다. 하트를 옆으로 치울 때 하트 형태를 변형해 말랑한 느낌의 하트를 표현하였습니다.

| 집중 하세요~
0.13초 | 집중 하세요~
0.13초 | 집중 하세요~
0.13초 | 집중 하세요~
0.15초 | 집중 하세요~
0.13초 |

'외향형 곰돌이 꽁아!' 이모티콘의 막대기로 종이를 치며 집중시키는 동작입니다. 막대기가 종이에 닿을 때 종이의 부피가 커졌다 작아지게 표현하여 생동감을 주었습니다.

움직이는 이모티콘에서 자주 사용하는 효과

움직이는 이모티콘은 하트, 반짝이, 효과선 등 다양한 효과를 사용해 감정이나 상황을 표현할 수 있습니다. 효과는 캐릭터를 더 생동감 있게 만들어 주기도 합니다. 움직이는 이모티콘에서 자주 사용하는 효과를 살펴보고 효과의 움직임을 어떻게 표현했는지 알아봅니다. 직접 따라 그려보며 연습해도 좋습니다.

하트 효과

▲ 하트가 위로 올라가서 터지는 효과

▲ 하트가 위로 올라가서 움직이는 효과

왼쪽 그림은 하트가 올라가서 '팡' 터지는 효과입니다. 하트가 위로 올라가기 위해 사전 동작을 하였다가 위로 올라가서 터지는 모습을 표현하였습니다. 오른쪽 그림은 하트가 올라가서 '또잉 또잉' 움직이는 효과입니다. 하트가 처음에는 작았다가 위로 올라갈수록 커지고 맨 위로 올라왔을 때 스프링처럼 움직이는 모습을 표현하기 위해 찌그러졌다가 늘어나게 그렸습니다.

반짝이 효과

▲ 작았다가 커지는 것을 반복하는 반짝이 효과

▲ 반짝이가 커지면서 점점 사라지는 효과

왼쪽 그림은 반짝이는 효과가 작아졌다가 커지기도 하고, 커졌다가 작아지기도 하는 것을 반복하는 효과입니다. 반짝임을 표현하기 위해 반짝이의 크기를 다르게 그렸습니다. 오른쪽 그림은 반짝이가 커지면서 점점 사라지는 효과입니다. 찰나의 반짝거림을 표현하기 위해 반짝이의 크기를 크게 하였다가 바로 사라지게 하면서 잔상을 주었습니다.

선 효과

▲ 깜짝 놀라는 선 효과   ▲ 등장을 표현한 선 효과   ▲ 강조하는 선 효과

선 효과는 다른 효과들에 비해 비교적 그리기 쉽고 단순하지만 가장 간단하게 사용할 수 있는 효과입니다. 보통 움직이는 이모티콘에서 등장이나 놀라는 것을 강조하기 위해 사용합니다. 선이 여러 방향으로 움직이게 표현하는 효과도 있고, 분산되며 사라지는 효과도 있습니다.

연기 효과

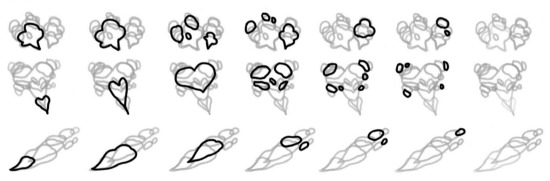

▲ 연기 효과

연기 효과는 움직이는 이모티콘에서 눈에 보이지 않는 수증기나 한숨, 연기 등을 표현하기 위해 사용합니다. 연기 효과는 연기가 날아가고 사라지는 방향으로 그려 줍니다. 예시 그림을 보면 연기가 만들어지고 나서 끝나는 방향으로 연기를 분산시키고 없애 주었습니다.

움직이는 이모티콘 만들기

카카오 이모티콘 스튜디오 제작 가이드를 기준으로 움직이는 이모티콘을 만들어 보겠습니다. 러프스케치를 불러와 깔끔하게 그리고 멘트를 작업한 후 마무리로 채색 작업까지 해보겠습니다.

움직이는 이모티콘 그리기

먼저 프로크리에이트에서 움직이는 이모티콘을 그려 보겠습니다. 앞에서 배운 애니메이션 원칙과 여러 가지 동작, 자주 사용하는 효과를 기억하며 자유롭게 작업해 봅니다.

01 프로크리에이트에서 [동작 도구]를 터치한 후 [캔버스]의 [애니메이션 어시스트] 기능을 활성화합니다.

02 키 포즈(Key pose) 프레임을 그립니다. 어떤 것을 표현하는지 한 번에 알아볼 수 있게 그리는 것이 좋습니다. 예제에서는 축하를 표현하기 위해 선물 상자 안에서 코끼리나팔을 부는 캐릭터를 그렸습니다.

03 타임라인의 [프레임 추가]를 터치하여 새로운 프레임을 추가해 키 포즈(Key pose) 프레임의 이전 동작이나 다음 동작을 그립니다. 예제에서는 캐릭터가 상자에 들어가 있는 이전 동작을 그렸습니다.

04 이제 다음 동작을 차례대로 그려 줍니다. [프레임 추가]를 터치한 후 캐릭터가 상자에서 나오기 위해 상자가 가로로 찌그러지는 모습을 그렸습니다.

05 [프레임 추가]를 터치한 후 캐릭터가 상자에서 나오면서 세로로 늘어나고 상자도 함께 늘어난 모습을 그렸습니다. 축하하는 이모티콘이기 때문에 캐릭터 주변에 효과도 추가하였습니다.

06 다시 [프레임 추가]를 터치한 후 캐릭터가 상자에서 완전히 나와 코끼리나팔을 더 길게 부는 모습을 그 렸습니다. 효과도 과장되게 분산시켜 줍니다.

07 이제 더 자연스러운 동작이 되도록 중간에 프레임을 추가해 줍니다. [재생]을 터치해 애니메이션을 재 생해 보면서 이모티콘이 어떻게 움직이는지 확인하면서 그립니다.

08 움직이는 이모티콘을 다 그렸다면 채색하기 위해 타임라인의 [설정]에서 [어니언 스킨 프레임]을 '없음'으로 설정합니다.

09 [레이어 도구]를 터치하여 그림 레이어를 정리합니다. [+]를 터치해 채색 레이어를 만들고 각 프레임의 이모티콘을 채색합니다.

프로크리에이트와 포토샵으로 이모티콘 저장하기

자신이 제안하려는 플랫폼의 제작 가이드에 맞춰 파일을 저장합니다. 카카오 이모티콘 스튜디오 제작 가이드를 기준으로 움직이는 이모티콘은 '360×360 px'의 PNG 파일(투명 배경)과 GIF 파일(흰색 배경)로 저장해야 합니다. 프로크리에이트로 두 가지 형식의 파일을 저장할 수 있지만, 최종 파일을 제출할 때를 대비해 포토샵으로 저장하는 방법도 알아보겠습니다.

프로크리에이트로 파일 저장하기 📁 준비 파일 | P05\Ch03\프로크리에이트로 저장하기.procreate

01 프로크리에이트에서 [가져오기]를 터치해 '프로크리에이트로 저장하기.procreate' 파일을 불러옵니다. 방금 전 자신이 그린 움직이는 이모티콘 파일을 불러와도 좋습니다. 타임라인의 [설정]에서 [초당 프레임]을 '7'로 설정합니다. 이모티콘 동작에 맞게 조절해 가며 원하는 속도로 설정합니다.

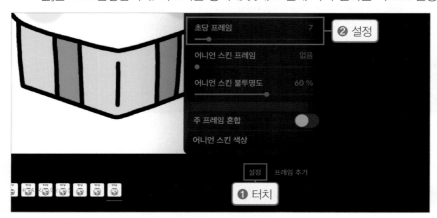

개별 프레임 속도 조절하기

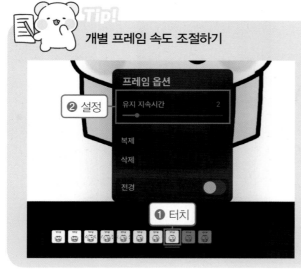

만약 프레임별로 속도를 조절하고 싶다면 타임라인에서 속도를 설정할 프레임을 한 번 더 터치한 후 [유지 지속시간]을 다르게 설정합니다.

02 화면 왼쪽 상단의 [갤러리]를 터치해 갤러리로 나간 후 원본 캔버스를 선택하고 [복제]를 터치해 캔버스를 복제합니다.

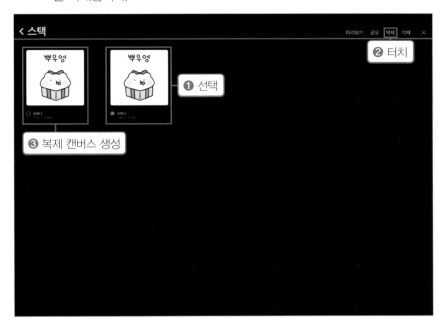

03 복제한 캔버스를 열고 [동작 도구]를 터치하여 [캔버스]의 [잘라내기 및 크기변경]을 터치합니다. [설정]을 터치해 [캔버스 리샘플]을 활성화하고 캔버스 크기를 '360×360 px'로 설정한 후 [완료]를 터치합니다.

04 [동작 도구]를 터치한 후 [공유]의 [움직이는 GIF]를 터치합니다. 크기를 변경하면 그림이 깨져 보일 수 있는데 당연한 현상이니 걱정하지 않아도 됩니다.

05 [디더링]과 [프레임당 색상 팔레트]를 활성화합니다. '디더링'은 애니메이션을 부드럽게 해주는 것이고, '프레임당 색상 팔레트'는 색 유실을 줄여 줍니다. 움직이는 이모티콘의 GIF 파일은 흰 배경으로 제출해야 하기 때문에 '투명한 배경'은 비활성화합니다. 마지막으로 [내보내기]를 터치합니다.

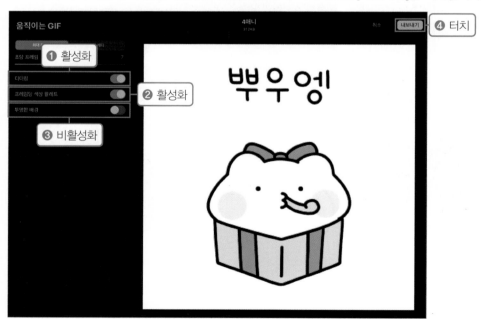

06 [이미지 저장]을 터치하면 흰 배경의 GIF 파일로 저장됩니다.

포토샵으로 파일 저장하기

📁 **준비 파일 |** P05\Ch03\포토샵으로 저장하기.psd

01 이번에는 포토샵으로 파일을 저장하기 위해 움직이는 이모티콘을 완성한 후 [동작 도구]를 터치하고 [공유]의 [PSD]를 터치합니다.

02 카카오톡, 메일, 클라우드 등을 이용해 컴퓨터에 파일을 저장합니다.

03 컴퓨터에 PSD 파일을 저장했다면 [파일] – [열기] 명령으로 포토샵에서 파일을 불러옵니다. 메뉴바의 [창] – [타임라인]을 클릭합니다. 만약 프로크리에이트에서 컴퓨터로 파일을 옮기지 못했다면 준비 파일로 제공하는 '포토샵으로 저장하기.psd' 파일을 불러와 실습합니다.

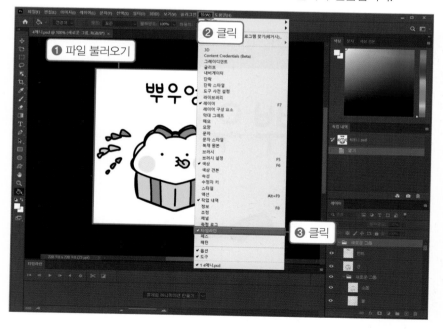

04 레이어 패널에서 각각의 그룹을 마우스 오른쪽 버튼으로 클릭한 후 [그룹 병합]을 선택해 하나의 프레임으로 병합합니다.

그룹 병합 단축키

위에 보여드린 방법처럼 마우스 오른쪽 버튼으로 그룹을 클릭한 후 [그룹 병합]을 선택할 수도 있고, 그룹을 클릭한 후 단축키 Ctrl + E 를 눌러 간단하게 병합할 수도 있습니다.

05 각각의 그룹을 모두 병합하여 레이어를 정리한 후 타임라인 패널에서 [프레임 애니메이션 만들기]를 클릭합니다.

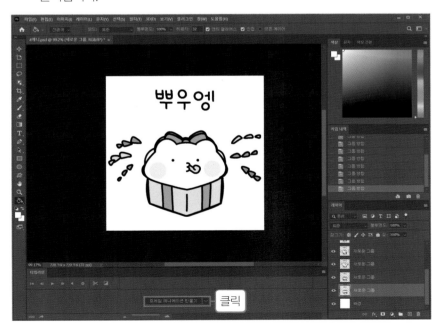

06 타임라인 오른쪽 상단의 옵션 버튼을 클릭한 후 [레이어에서 프레임 만들기]를 클릭합니다.

07 레이어가 프레임으로 변경되었습니다. 첫 번째의 배경 프레임을 선택한 후 휴지통 아이콘을 클릭해 삭제합니다.

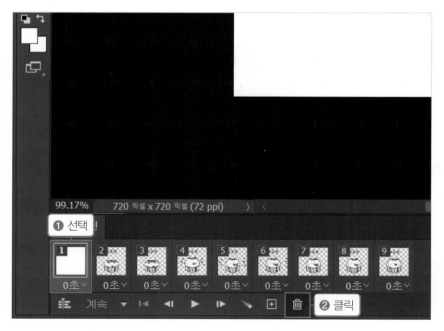

08 첫 번째 프레임을 클릭한 후 Shift 를 누른 채 마지막 프레임을 클릭해 모든 프레임을 선택합니다.

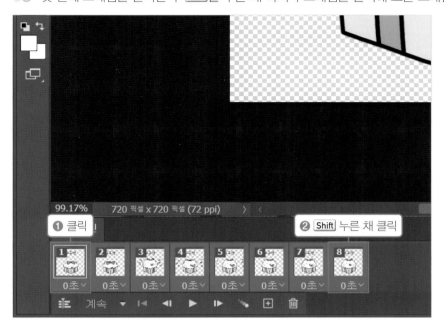

09 레이어 패널에서 맨 아래 '배경' 레이어의 눈을 켜 줍니다. 그러면 모든 프레임의 배경이 흰색으로 바뀝니다.

10 프레임 각각의 속도를 설정하기 위해 속도를 설정할 프레임을 한 번 더 클릭합니다. 움직이는 이모티콘은 프레임당 '0.1초~0.16초' 안으로 설정하는 편입니다. 자신의 이모티콘에 맞게 조절합니다. 애니메이션이 끝나지 않도록 프레임 루프는 [계속]으로 설정합니다.

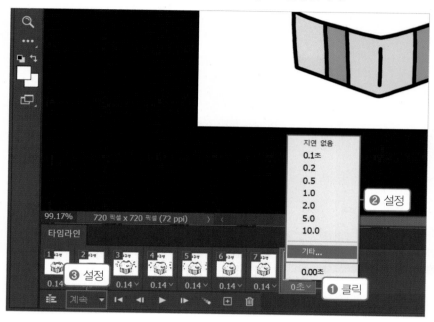

11 프레임별 속도를 설정했다면 메뉴바에서 [이미지] − [이미지 크기]를 클릭하거나 단축키 Alt + Ctrl + I 를 누릅니다.

12 이미지 크기를 카카오 이모티콘 스튜디오의 움직이는 이모티콘 제작 가이드에 맞춰 '360x360 픽셀'로 설정하고, 해상도는 '72 픽셀/인치'로 설정한 후 [확인]을 클릭합니다.

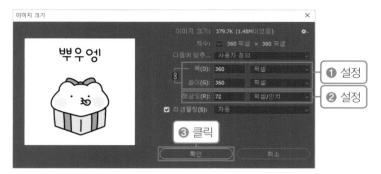

13 [파일] – [내보내기] – [웹용으로 저장]을 클릭합니다.

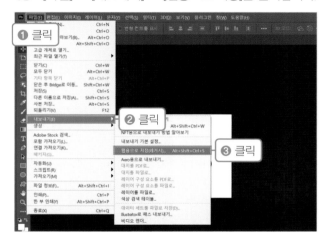

14 이미지 확장자를 'GIF'로 설정하고 [저장]을 클릭합니다. 포토샵에서 GIF 파일로 저장하였습니다.

이모티콘을 만들었다면 이모티콘을 제안해 볼 차례입니다. 책에서는 카카오 이모티콘 스튜디오와 네이버 이모티콘 플랫폼인 라인 크리에이터스 마켓, 밴드 스티커 샵, 네이버 OGQ마켓에 제안하는 방법을 알아본 후 이모티콘을 출시하게 된다면 해야 할 일까지 살펴보겠습니다.

PART 06

이모티콘 제안하기와
출시 후에 할 일

CHAPTER 01

카카오 이모티콘 스튜디오에 제안하기

먼저 카카오 이모티콘 스튜디오에 제안하는 방법을 알아보겠습니다. 이모티콘을 승인받기 위한 체크리스트를 살펴보고 승인을 받은 후 진행되는 상품화 과정까지 알아봅니다.

카카오 이모티콘 스튜디오 제안 방법

카카오 이모티콘 스튜디오 제작 가이드에 맞춰 이모티콘을 준비했다면 제안해 보겠습니다.

01 카카오 이모티콘 스튜디오(emoticonstudio.kakao.com)에 접속한 후 [제안 시작하기]를 클릭하여 로그인합니다.

02 멈춰있는 이모티콘, 움직이는 이모티콘, 큰 이모티콘 중 자신이 만든 이모티콘의 [제안하기]를 클릭합니다. 예제에서는 움직이는 이모티콘의 [제안하기]를 클릭하겠습니다.

03 이모티콘 정보를 입력합니다.

이모티콘 제안 이미지(필수)

❶ **이모티콘 상품명:** 이모티콘샵에 노출되는 이모티콘의 제목입니다. 이모티콘의 콘셉트와 캐릭터의 특징이 잘 드러나게 입력합니다.

❷ **이모티콘 시리즈명:** 이모티콘을 대표하는 '캐릭터 이름' 또는 '콘셉트 타이틀'을 입력합니다. 이모티콘 스튜디오에서 이모티콘을 관리하기 위해 작성하는 것이니 간단하게 작성합니다.

❸ **작가명:** 이모티콘샵에 노출되는 작가명입니다. 정해둔 작가명이 없다면 캐릭터의 이름으로 작성해도 됩니다.

❹ **이모티콘 설명:** 이모티콘의 콘셉트와 캐릭터에 대한 설명을 입력합니다. 여기서 주의할 점은 캐릭터의 스토리를 구구절절 입력하기보다 어떤 이모티콘인지 간략하게 설명하는 것이 좋습니다.

❺ **참고 사이트:** 이모티콘과 관련된 참고 사이트를 입력합니다. 필수가 아닌 선택 사항입니다.

❻ **참고 자료 첨부:** 이모티콘과 관련된 참고 자료를 첨부합니다. 필수가 아닌 선택 사항입니다.

04 이모티콘 시안을 업로드합니다. 멈춰있는 이모티콘은 투명 배경의 PNG 32개, 움직이는 이모티콘은 투명 배경의 PNG 21개와 흰 배경의 GIF 3개, 큰 이모티콘은 투명 배경의 PNG 13개와 흰 배경의 GIF 3개를 업로드합니다. 이모티콘 시안을 모두 업로드한 후 [제출하기]를 클릭합니다. 이모티콘 제안을 완료하였습니다.

 이모티콘 시안 전략적으로 배치하기

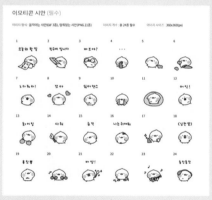

▲ '디듀—쯔쯔랑 놀아줘라!' 제안 시안

이모티콘 시안을 업로드할 때 전략적으로 배치하는 것이 좋습니다. 이모티콘을 한눈에 봤을 때 완성도가 있어 보이면 승인받을 확률이 올라가기 때문입니다. 캐릭터의 매력을 가장 잘 어필할 수 있는 '킬링 시안'이나 자주 사용할 수 있는 시안을 앞에 배치하고, 콘셉트가 약하거나 아쉬운 시안은 뒤에 배치합니다. 여러 가지 색상을 사용했다면 골고루 배치하여 한 쪽에 시선이 몰리지 않게 해야 합니다. 멘트가 연결되는 시안을 붙여서 배치하거나 '좋아', '싫어'처럼 의미가 상반되는 시안을 붙여서 배치합니다. 이모티콘 시안을 업로드할 때 전략적으로 배치해서 제안하도록 합니다.

05 이모티콘을 제안하면 심사를 거쳐 승인되거나 미승인됩니다.

▲ 승인 안내

▲ 미승인 안내

이모티콘을 승인받기 위한 체크리스트

• 4가지 필수 요소 체크하기

대중성, 실용성, 독특성, 통일성 4가지 필수 요소가 이모티콘에 들어가 있는지 체크합니다. 내가 만든 이모티콘을 사람들이 좋아할지 생각해 보고 다른 이모티콘과 어떤 점이 다른지, 캐릭터에 통일성이 있는지 생각해 봅니다.

• 확실한 콘셉트인지 체크하기

이모티콘의 콘셉트를 체크합니다. 이모티콘의 제목과 시안에서 콘셉트가 확실히 드러나는지 체크하고 심사 담당자가 이모티콘의 설명을 읽지 않고도 어떤 이모티콘인지 알 수 있게 만들어야 합니다.

• 이모티콘 완성도 체크하기

이모티콘의 완성도가 높아질수록 승인율도 높아집니다. 멈춰있는 이모티콘이라면 멈춰있는 시안에서 전달하려는 메시지와 감정표현이 바로 보여야 하고, 움직이는 이모티콘이라면 애니메이션에 자연스러움이 필요합니다. 그림의 퀄리티가 낮더라도 표현에는 부족함이 없어야 합니다.

• 상품성 체크하기

이모티콘은 상품이기 때문에 다른 사람이 구매할 수 있도록 만들어야 합니다. 자신이 제안한 이모티콘에 다른 사람이 사용할 만한 것이 있는지 확인하고 카카오 이모티콘샵에서 이미 출시된 이모티콘과 자신의 이모티콘을 비교해 봅니다.

• 트렌드 체크하기

카카오 이모티콘샵에서 요즘 출시되는 이모티콘의 트렌드를 체크합니다. 인기 이모티콘을 보면 요즘 사람들이 좋아하는 이모티콘 유형을 파악할 수 있고, 신규 이모티콘을 보면 어떤 이모티콘을 승인해 주는지 파악할 수 있습니다.

이모티콘 승인 후 최종 파일 만들기

카카오 이모티콘은 승인을 받으면 계약 후 포토샵에서 최종 파일을 제작해야 합니다. 최종 파일을 만들 때 도움이 되는 몇 가지 작업을 알아보겠습니다.

멘트에 흰 테두리 만들기   📁 **준비 파일** | P06\Ch01\멘트에 흰 테두리 만들기.psd

01   제안할 때는 멘트에 흰 테두리를 넣지 않아도 되지만 승인 후 최종 파일에서는 멘트에 흰 테두리를 '2~3 픽셀' 정도 넣어야 합니다. 이모티콘이 출시된 후 채팅방의 여러 가지 배경 색상에서 이모티콘 멘트가 잘 보이게 하기 위함입니다. 포토샵에서 [파일] – [열기] 명령으로 '글자에 흰 테두리 만들기.psd' 파일을 불러옵니다.

02 레이어 패널에서 '멘트' 레이어를 선택한 후 메뉴바의 [편집] - [획]을 클릭합니다.

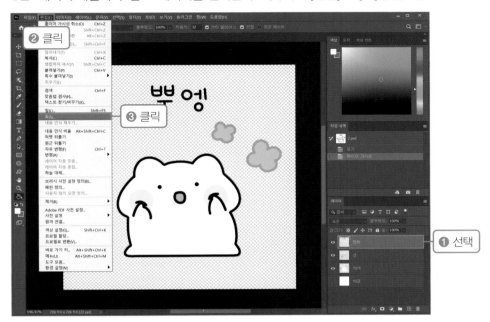

포토샵에서 문자 도구를 사용했을 경우

만약 포토샵에서 문자 도구를 사용해 멘트를 입력했다면 '멘트' 레이어를 마우스 오른쪽 버튼으로 클릭한 후 [문자 래스터화]를 클릭합니다.

03 이모티콘 크기가 '360x360 픽셀'이라면 폭을 '2~3 픽셀'로 설정합니다. 만약 이모티콘 크기를 '720x720 픽셀'로 제작했다면 폭을 '5~6 픽셀'로 설정하고 나중에 이미지 크기를 줄여 줍니다. 색상은 '흰색'으로, 위치는 '바깥쪽'으로 설정한 후 [확인]을 클릭합니다.

04 멘트에 흰 테두리를 만들었습니다. 움직이는 이모티콘이라면 각 프레임의 멘트 레이어마다 흰색 테두리를 만들어 줍니다.

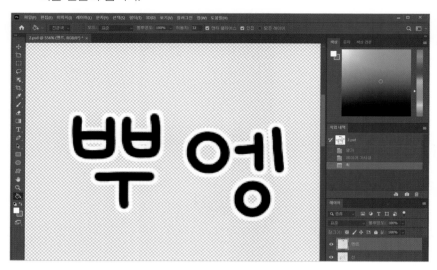

PNG 파일 한 번에 내보내기

■ **준비 파일** | P06\Ch01\PNG 파일 한 번에 내보내기.psd

01 움직이는 이모티콘의 경우 최종적으로 WEBP 파일을 제작할 때 각 프레임의 PNG 이미지가 필요합니다. 포토샵의 '레이어를 파일로 내보내기' 기능을 사용하면 한 번에 PNG 이미지로 내보낼 수 있습니다. [파일] – [열기] 명령으로 'PNG 파일 한 번에 내보내기.psd' 파일을 불러옵니다.

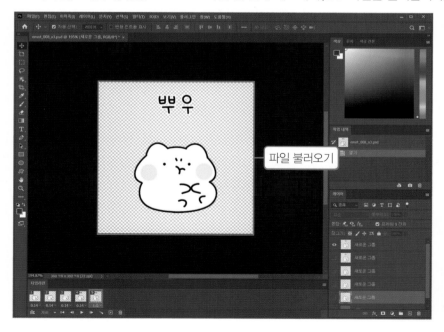

파일 불러오기

02 Shift를 누른 채 레이어를 클릭해 모든 레이어를 선택합니다. 메뉴바의 [레이어] – [정돈] – [반전]을
클릭합니다. 반전을 하는 이유는 PNG 파일로 내보내면 레이어의 순서가 반대로 추출되기 때문입니다.

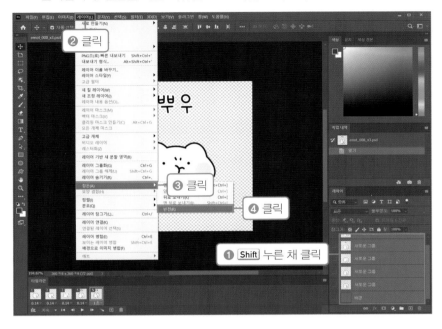

03 [파일] – [내보내기] – [레이어를 파일로 내보내기]를 클릭합니다. 원본 파일과 다르게 반전된 상태이
기 때문에 파일을 닫을 때 변경된 내용을 저장하지 않습니다.

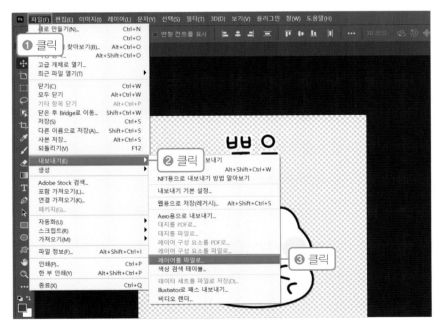

04 파일 저장 경로를 설정합니다. 파일 유형을 'PNG-24'로 설정한 후 'ICC 프로필 포함'과 '투명도'에 체크하고 [실행]을 클릭합니다.

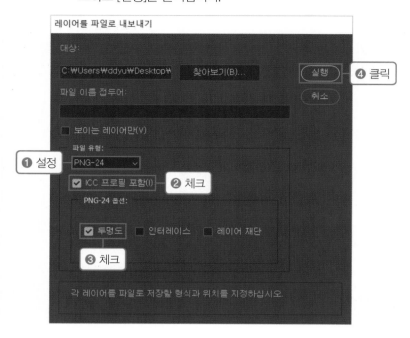

05 레이어가 PNG 이미지로 저장되었습니다. 첫 번째 배경 이미지는 삭제하고 이미지 이름을 깔끔하게 변경합니다.

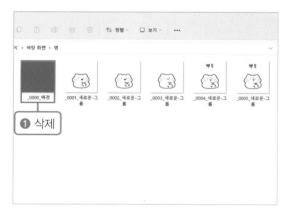

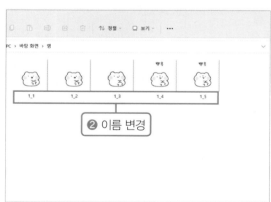

미승인된 이모티콘 승인받는 꿀팁

승인율이 낮은 카카오 이모티콘 스튜디오는 미승인받기 쉽습니다. 열심히 만든 이모티콘인데 미승인을 받으면 아쉽고 포기하고 싶은 마음이 들 수 있습니다. 승인받지 못한 것에 좌절하지 말고 미승인의 이유를 파악해 자신의 이모티콘을 승인받을 수 있도록 발전시켜야 합니다. 미승인은 승인을 받기 위한 과정이라 생각하며 힘을 내어 작업해 봅니다.

✓ 콘셉트 수정하기

카카오 이모티콘 스튜디오는 미승인 시 이유를 알려 주지 않습니다. 그래서 미승인을 받으면 직접 이유를 생각해 봐야 합니다. 이모티콘의 콘셉트가 너무 약한 경우 미승인될 수 있으므로 확실한 콘셉트로 더 발전시키거나 아예 콘셉트를 바꿔서 새로운 콘셉트의 이모티콘을 만들어 봅니다. 필자의 이모티콘 중 콘셉트가 약해 미승인된 이모티콘을 보겠습니다.

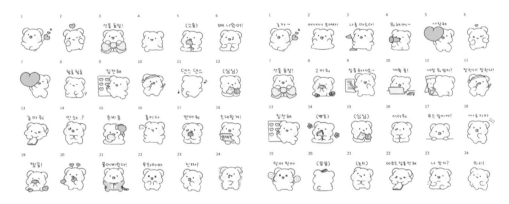

▲ 미승인된 '볼빵빵 귀여운 꽁아'   ▲ 승인된 '외향형 곰돌이 꽁아!'

사랑스러운 곰돌이 캐릭터의 이모티콘으로 '볼빵빵 귀여운 꽁아'를 제안했지만 미승인되었습니다. 너무 무난한 이모티콘에 눈에 보이는 콘셉트가 없어서 미승인되었다고 생각합니다. 미승인받은 후 캐릭터의 콘셉트를 '외향형 곰돌이'로 잡아 시안을 수정한 후 제목을 콘셉트에 맞게 '외향형 곰돌이 꽁아!'로 수정하였더니 승인받을 수 있었습니다. 이렇게 콘셉트를 수정하여 다시 제안해 봅니다.

✓ 제목만 바꿔서 제안하기 & 같은 시안으로 나중에 다시 제안하기

제목만 바꿔서 다시 제안했는데 드물게 승인되기도 합니다. 그리고 시간이 지나서 똑같은 시안과 제목으로 다시 제안했는데 같이 심사를 받은 다른 이모티콘과의 대진운이 좋아 승인을 받기도 합니다. 아쉬운 시안이 있다면 시간이 많이 지난 후에 다시 제안해 보는 것도 하나의 방법입니다.

✓ 캐릭터와 멘트 수정하기

색상, 비율, 생김새 등 캐릭터의 외형이나 멘트를 콘셉트에 어울리게 수정해서 다시 제안할 수도 있습니다. 필자의 이모티콘 중 캐릭터와 멘트를 수정해 승인된 이모티콘을 보겠습니다.

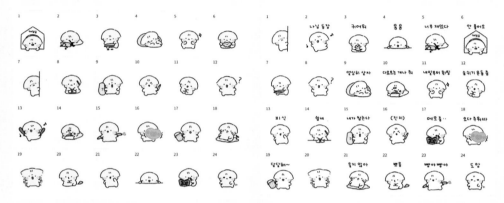

▲ 미승인된 '어딘가 과격한 곽이지'　　　　▲ 승인된 '이중댕격 이댕이'

행동이 과격한 강아지 콘셉트의 이모티콘으로 '어딘가 과격한 곽아지'를 제안했지만 미승인되었습니다. 이대로 이모티콘 시안을 버리기 아까워 이모티콘 캐릭터의 색상을 흰색으로 변경한 후 이중인격 느낌으로 콘셉트를 바꿔 멘트를 추가하였습니다. 다시 제안할 때는 '이중댕격 이댕이'로 이모티콘 제목을 수정한 후 제안하였더니 승인되었습니다. 이렇게 캐릭터와 멘트를 수정하여 다시 제안해 볼 수 있습니다.

✓ 객관적으로 멀리서 바라보기

미승인된 이모티콘을 소비자와 심사 담당자의 입장에서 객관적으로 볼 수 있어야 합니다. 제안하려는 이모티콘의 감정표현과 상황표현이 실용성이 있을지, 내 캐릭터가 사람들이 좋아할 만한 포인트를 갖고 있을지 생각해 봅니다.

✓ 이모티콘 유형 변경하기

멈춰있는 이모티콘을 움직이는 이모티콘으로, 움직이는 이모티콘을 멈춰있는 이모티콘으로 변경해서 다시 제안할 수도 있습니다. 필자의 이모티콘 중 이모티콘 유형을 바꿔 승인된 이모티콘을 보겠습니다.

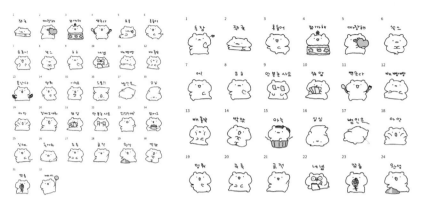

▲ 미승인된 '쮸구리는 당당해 2'　　　▲ 승인된 '쮸구리는 당당해 2'

'쮸구리는 당당해'라는 이모티콘의 시리즈로 2탄을 출시하고 싶어서 멈춰있는 이모티콘으로 6번 정도 제안했지만 계속 미승인받았습니다. 하지만 포기하지 않고 매력 없는 시안을 버린 후 움직이는 이모티콘으로 변경하였더니 승인되었습니다.

✓ 새로운 제안하기

미승인받은 이모티콘에 대한 미련을 빠르게 정리하고 새로운 이모티콘을 만들어 제안하는 방법도 있습니다. 미승인된 이모티콘을 수정하여 재시도해 보는 것은 적당히 2~3번 정도만 해보고 새로운 이모티콘을 만드는 데 집중합니다. 미승인된 이모티콘을 붙잡고 있는 것보다 아예 새로운 이모티콘을 만드는 것이 실력 향상에도 도움이 될 것입니다.

✓ 다른 플랫폼에 제안하기

이모티콘 플랫폼은 카카오 이모티콘 스튜디오만 있는 것이 아닙니다. [PART 01 이모티콘 시작하기 〉 CHAPTER 01 이모티콘 알아보기 〉 이모티콘 플랫폼 구경하기]에서 소개하였듯이 네이버 밴드 스티커 샵, 라인 크리에이터스 마켓, 네이버 OGQ마켓 등 다양한 플랫폼이 있습니다. 각 플랫폼의 제작 가이드에 맞춰 이모티콘을 제안하고 출시해 보며 다양한 경험을 쌓아 봅니다.

네이버 이모티콘 플랫폼에 제안하기

네이버 이모티콘 플랫폼에 제안하는 방법을 알아보겠습니다. 네이버 이모티콘 플랫폼으로는 네이버 밴드 스티커샵, 라인 크리에이터스 마켓, 네이버 OGQ마켓이 있습니다. 각 플랫폼의 제작 가이드에 맞춰 이모티콘을 만들고 제안해 보며 자신에게 맞는 플랫폼을 알아봅니다.

라인 크리에이터스 마켓에 제안하기

라인 크리에이터스 마켓 제작 가이드에 맞춰 이모티콘을 제작했다면 제안해 봅니다. 라인은 글로벌 메신저이기 때문에 사이트가 영어로 되어 있지만 알려드리는 대로 따라하면 쉽게 제안할 수 있습니다. 라인 크리에이터스 마켓은 이모티콘을 스티커로 표현합니다.

01 라인 크리에이터스 마켓(creator.line.me/ko/)에 접속한 후 [등록하기]를 클릭하여 로그인합니다.

02 왼쪽 상단의 [New Submission]을 클릭합니다.

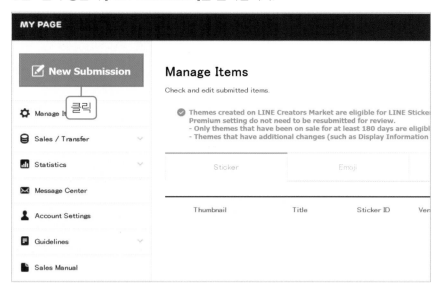

03 이모티콘을 제안하려면 왼쪽의 [Sticker]를 클릭합니다.

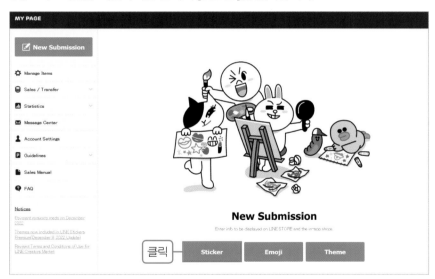

04 'Sticker Details'를 입력합니다. 체크 표시된 정보는 필수로 입력합니다.

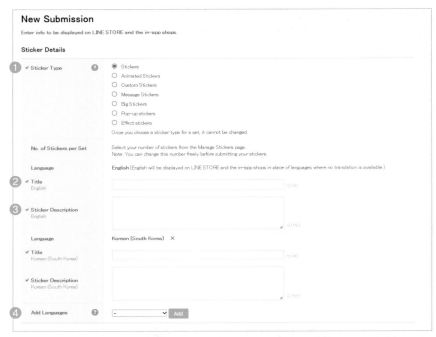

❶ **Sticker Type:** 이모티콘의 유형을 선택하는 곳으로 멈춰있는 이모티콘은 'Stickers'를, 움직이는 이모티콘은 'Animated Stickers'를 선택합니다.

❷ **Title:** 이모티콘 제목을 영어로 입력합니다.

❸ **Sticker Description:** 이모티콘에 대한 설명을 영어로 입력합니다.

❹ **Add Languages:** 추가하고 싶은 다른 언어를 추가합니다. 'Korean'을 추가하여 한글 설명을 입력해도 좋습니다.

05 'Product Details'를 입력합니다. 체크 표시된 정보는 필수로 입력합니다.

① **Creator's Name:** 작가명을 입력합니다.

② **Copyright:** 저작권을 입력합니다. 작가명과 동일하게 입력해도 됩니다.

③ **Style Category:** 이모티콘 스타일을 선택합니다.

④ **Character Category:** 캐릭터 종류를 선택합니다.

⑤ **Privacy Setting:** 라인 스티커샵에 노출 여부를 선택합니다. 'Show in LINE STORE/Sticker Shop' 을 선택해야 신규 이모티콘과 랭킹에 이모티콘이 노출됩니다.

⑥ **LINE Stickers Premium:** 라인 스티커 프리미엄 가입 여부를 선택합니다. 카카오 이모티콘 플러스처 럼 구독제 이모티콘으로 같이 판매할 것인지 선택하는 것입니다. 보통 'Join'을 선택합니다.

⑦ **Sale Region:** 판매 국가를 선택합니다. 되도록이면 'Distribute in all available regions'를 선택하 여 라인에서 판매할 수 있는 모든 지역으로 설정합니다. 일부 지역에서만 판매하고 싶다면 두 번째 또는 세 번째를 선택합니다.

⑧ **Sticker free trial feature:** 라인 스티커 프리미엄 서비스의 무료 참여 여부를 선택합니다. 'Participate'를 선택하면 라인에서 제공하는 스티커 무료 체험 이벤트에 참여할 수 있고 노출 빈도가 높아져 홍보 효과가 있습니다.

06 'License Certificate'를 입력합니다. 체크 표시된 정보는 필수로 입력합니다. 모두 입력한 후 [Save]를 클릭합니다.

❶ **Includes Photos:** 사진이 포함되어 있는지 선택합니다.

❷ **License Certificate:** 이모티콘에 원작이 있는 무언가를 사용하였거나 2차 창작물일 경우 저작권 확인 이 필요하기 때문에 저작권 인증서를 첨부합니다.

❸ **Attach Files:** 추가적인 파일을 첨부합니다.

❹ **Preview URL Link:** 참고 사이트를 입력합니다.

❺ **Supplementary Notes:** 참고 내용을 입력합니다.

07 [Sticker Images] 탭을 클릭한 후 [Edit]을 클릭합니다.

08 'Change number of stickers in set'에서 이모티콘의 개수를 설정한 후 준비된 이모티콘 파일을 업로드하고 [Back]을 클릭합니다.

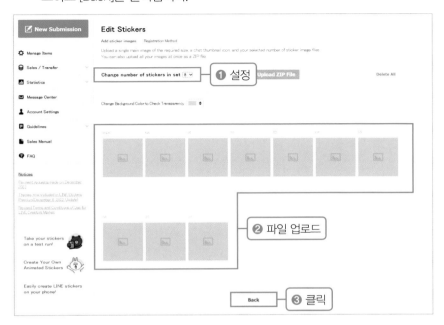

09 [Tag Settings] 탭을 클릭한 후 각 스티커별로 태그를 설정합니다. 필수는 아니지만 태그를 설정하면 채팅방에 더 많이 노출될 수 있습니다. 번거롭다면 자동으로 설정합니다.

10 [Price Tier] 탭에서 가격을 설정한 후 [Save]를 클릭하고 오른쪽 상단의 [Request]를 클릭하여 스티커를 제안합니다.

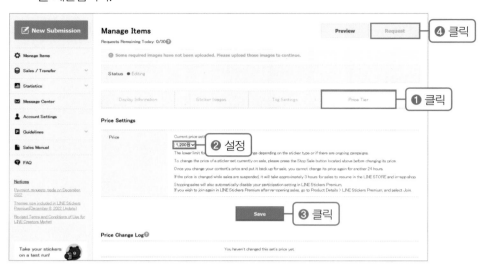

11 라인은 판매 금액을 월마다 페이팔로 정산해 주기 때문에 먼저 페이팔에 가입한 후 왼쪽 메뉴의 [Account Settings]를 클릭합니다. [Transfer Information] 탭을 클릭한 후 [Connect with Paypal]을 클릭하여 페이팔 계좌를 연동합니다.

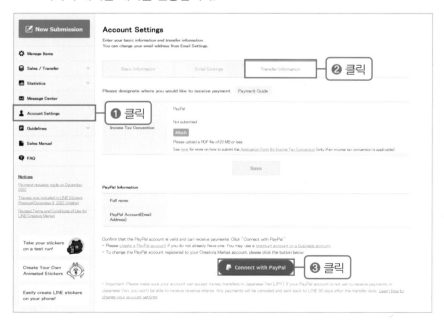

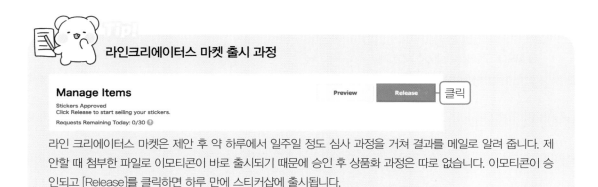

라인크리에이터스 마켓 출시 과정

라인 크리에이터스 마켓은 제안 후 약 하루에서 일주일 정도 심사 과정을 거쳐 결과를 메일로 알려 줍니다. 제안할 때 첨부한 파일로 이모티콘이 바로 출시되기 때문에 승인 후 상품화 과정은 따로 없습니다. 이모티콘이 승인되고 [Release]를 클릭하면 하루 만에 스티커샵에 출시됩니다.

네이버 밴드 스티커샵에 제안하기

네이버 밴드 스티커샵 제작 가이드에 맞춰 이모티콘을 준비했다면 제안해 봅니다. 네이버 밴드 스티커샵은 카카오 이모티콘 스튜디오 다음으로 승인되기 어려운 플랫폼이지만 승인된다면 수익을 기대해도 좋은 플랫폼입니다. 네이버 밴드 스티커샵도 이모티콘을 스티커로 표현합니다.

01 네이버 밴드 스티커샵(partners.band.us/partners/sticker)에 접속한 후 [스티커 제휴 제안하기]를 클릭합니다.

02 스티커 정보를 입력합니다.

① **스티커 타입:** 이모티콘 유형을 선택합니다. 움직이는 이모티콘이라면 '애니메이션 스티커'를, 멈춰있는 이모티콘이라면 '스틸 스티커'를 선택합니다.

② **스티커 명:** 이모티콘 제목을 입력합니다.

③ **스티커 설명:** 이모티콘 콘셉트와 캐릭터에 대한 설명을 입력합니다.

④ **파일첨부:** 이모티콘 시안을 첨부합니다.

⑤ **참고자료:** 참고 자료를 첨부합니다(선택 사항입니다).

03 심사 결과를 전달받을 연락처(이름, 전화번호, 이메일)를 입력합니다. 상기 내용에 모두 동의한다는 내용에 체크하고 [제휴제안 보내기]를 클릭합니다.

네이버 밴드 스티커샵 출시 과정

네이버 밴드 스티커샵은 제안 후 약 2주에서 4주 정도 심사 과정을 거친 후 결과를 메일로 알려 줍니다. 승인되면 계약 과정과 상품화 과정을 거쳐 최종 파일을 제작한 후 출시합니다.

네이버 OGQ마켓에 제안하기

네이버 OGQ마켓 제작 가이드에 맞게 이모티콘을 준비했다면 제안해 봅니다. 네이버 OGQ마켓에서 출시한 이모티콘은 네이버 블로그, 카페에서 사용될 뿐만 아니라 아프리카TV에서도 사용됩니다. 네이버 OGQ마켓도 이모티콘을 스티커로 표현합니다.

01 네이버 OGQ마켓(ogqmarket.naver.com)에 접속하여 오른쪽 상단의 [크리에이터 되기]를 클릭한 후 로그인합니다.

02 왼쪽 메뉴의 [콘텐츠 업로드]를 클릭합니다. 멈춰있는 이모티콘은 [스티커]를, 움직이는 이모티콘은 [애니메이션 스티커]를 클릭합니다. 예제에서는 [스티커]를 클릭하겠습니다.

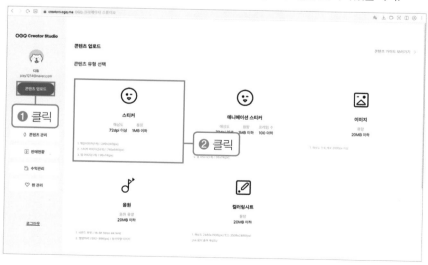

03 이모티콘의 제목, 설명, 노출을 위한 태그를 입력합니다.

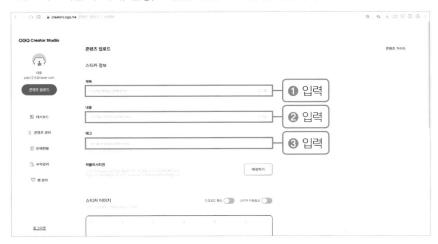

04 '스티커 이미지', '메인 이미지', '탭 이미지'를 업로드한 후 [업로드 하기]를 클릭합니다. '스티커 이미지'는 핵심 콘텐츠이며 총 24개의 이모티콘 이미지를 업로드하면 됩니다. '메인 이미지'는 네이버 OGG마켓에서 대표적으로 보여줄 섬네일이고, '탭 이미지'는 간단 보기에 보여지는 섬네일입니다.

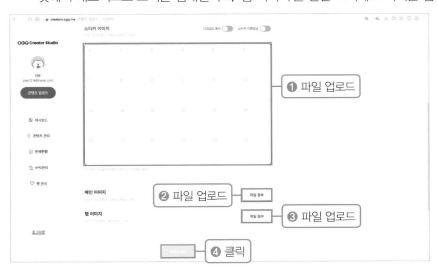

네이버 OGQ마켓 출시 과정

네이버 OGQ마켓은 제안 후 약 2주 정도의 심사 과정을 거쳐 결과를 알려 줍니다. 제안할 때 첨부한 파일로 바로 출시하기 때문에 승인 후 상품화 과정은 따로 없습니다. 네이버 OGQ마켓은 이모티콘이 판매되면 5만원부터 정산됩니다.

CHAPTER 03

이모티콘을 줄시하게 된다면?

열심히 만든 이모티콘이 출시된다면 정말 기쁠 것입니다. 이모티콘이 출시되기까지 열심히 작업한 만큼 출시한 이모티콘이 많은 관심을 받을 수 있도록 홍보하는 것도 중요합니다. 이모티콘을 출시한 후 해야 할 일을 알아보겠습니다.

SNS에서 이모티콘 홍보하기

SNS에서 활동하는 것은 생각보다 중요합니다. 사람들과 소통하며 이모티콘에 대한 피드백을 받을 수 있고 사람들이 대체로 어떤 캐릭터를 좋아하는지 알 수 있기 때문입니다. 그리고 SNS를 통해 다른 작가님과 소통하며 다른 작가님들은 어떻게 활동하고 있는지, 어떤 이모티콘을 만들고 있는지 체크할 수 있습니다.

작가 또는 캐릭터 SNS 계정 만들기

이모티콘을 출시한 후 작가 계정이나 캐릭터 계정을 만들어 이모티콘 캐릭터의 일러스트, 만화, 영상 등을 업로드해 봅니다. 이모티콘 작가라면 이모티콘 관련 SNS 계정은 만드는 것이 좋다고 생각합니다. SNS를 통해 이모티콘 캐릭터 팬분들과 소통하며 캐릭터 팬층을 쌓아가는 것도 좋은 방법입니다.

출시 예정 게시글 올려 이모티콘 홍보하기

이모티콘이 출시되면 SNS에 게시글을 올려 이모티콘이 출시되었다고 알리거나 지인들에게 이모티콘 출시 소식을 전달합니다. 카카오 이모티콘의 경우 출시 전에 출시일을 미리 알려주기 때문에 SNS에 이모티콘 출시 예정 게시글을 올려 홍보하는 것이 좋습니다. 하루에 정말 많은 이모티콘이 출시되기 때문에 신규 이모티콘은 홍보 없이 살아남기 힘듭니다. 카카오 자체에서 신규 이모티콘을 조금씩 홍보해 주기는 하지만 작가도 개인적으로 홍보를 열심히 해야 합니다. 이모티콘을 홍보하는 것도 작가가 해야 할 일이기 때문에 부끄러워하지 말고 알릴 수 있는 모든 곳에 홍보해 봅니다.

이모티콘 GIFT 이미지 올려 홍보하기

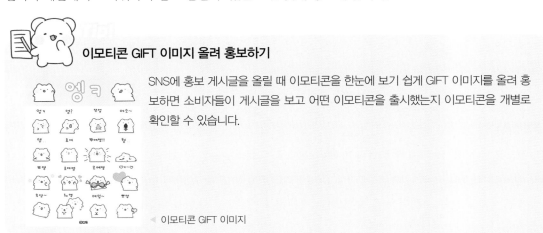

SNS에 홍보 게시글을 올릴 때 이모티콘을 한눈에 보기 쉽게 GIFT 이미지를 올려 홍보하면 소비자들이 게시글을 보고 어떤 이모티콘을 출시했는지 이모티콘을 개별로 확인할 수 있습니다.

◁ 이모티콘 GIFT 이미지

파이프라인 만들어 활동 영역 넓히기

파이프라인은 쉽게 말해 자동으로 또는 부가적으로 들어오는 수익을 뜻합니다. 이모티콘 출시만으로 안정적인 수익을 얻기 어렵기 때문에 이모티콘 작업을 어느 정도 하였다면 부가 수익으로 이어질 수 있는 다양한 활동을 해 봅니다.

굿즈 판매하기

▲ 에엥이 굿즈

이모티콘을 출시한 후 자신의 이모티콘 캐릭터와 어울리는 굿즈를 만들어 봅니다. 작은 굿즈부터 시작해서 온라인 스토어도 열어 보고, 페어에도 나가 보고, 입점도 해 보면서 더 많은 경험을 쌓아 봅니다. 초반에는 굿즈로 버는 수익이 적을 수 있지만 꾸준히 판매하고 브랜딩을 열심히 하면 더 큰 수익을 얻을 수 있습니다.

이모티콘 캐릭터로 인스타툰 그리기

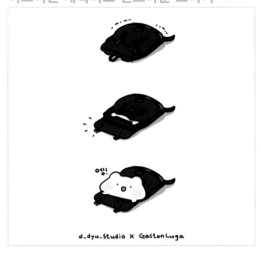

▲ 가스톤루가 광고툰

인스타툰을 그리며 인스타에서 활동하는 것으로도 수익을 얻을 수 있습니다. 인스타툰으로 수익을 얻는 방법은 광고툰을 제작하는 것입니다. 자신의 팔로워가 많을수록 인스타툰 광고 단가는 높아집니다. 이모티콘 캐릭터로 다양한 인스타툰을 그리며 수익을 얻어 봅니다.

외주 작업 하기

다름이 아니라 저희 광고주중 한곳에서 이번에 브랜드 이모티콘 제작을 검토중에 있으며
작가님의 '엥?' 캐릭터가 광고 컨셉이 잘 어울릴듯하여 광고주에게 추천 해보고자
작업가능 여부와 비용을 여쭙고자 합니다

대략적인 제작 내용은 아래와 같습니다

- 게임 홍보용 브랜드 이모티콘 제작
- 제작 유형 : 애니콘 12종
- 사용 일정 : 7/14 런칭 (30일 배포 / 30일 사용)
       *개발사 일정에 의해 약간의 변동이 있을수 있음
- 요청 일정 : ~6/11일까지 콘티 및 원화 3종
       ~6/19일까지 잔여 원화 9종
- 문의 작업 :
   > 광고주 요청 컨셉에 맞추어 콘티 및 원화 제작
   > 모션 작업, 패키징, 카카오검수대응 등 이후 작업은 저희측에서 진행
    *만약 모션을 포함한 전체 작업으로만 가능하시다면 말씀부탁드립니다

바쁘신 가운데 번거로우시겠지만 상기 내용으로 확인을 부탁드리며
광고주에게 캐릭터 추천을 하는 단계로 진행이 확정된것은 아니나
검토하여주시면 빠르게 광고주 전달하여 진행여부를 말씀드리도록 하겠습니다

즐거운 주말 되시기 바랍니다
감사합니다~

▲ 실제 이모티콘 외주 문의 메일

이모티콘 캐릭터로 외주 문의를 받을 수도 있습니다. 필자의 경우 '엥?' 캐릭터로 게임 홍보용 이모티콘 제작 문의를 받았습니다. 외주 문의가 들어왔을 때 이모티콘 콘셉트와 어울리고 잘 할 수 있는 작업이라면 외주를 받아 수익을 얻고 포트폴리오를 만들어 봅니다.

강의, 강연하기

▲ 이모티콘과 굿즈를 한 번에! 클래스101 온라인 강의

다른 사람들에게 이모티콘을 만드는 것에 대해 전문적으로 설명할 수 있다면 강의나 강연을 통해 수익을 얻을 수 있습니다. 온라인 강의나 오프라인 강의에서 활동하다 보면 외부 강의 제의가 들어오기도 합니다. 사람들과 소통하고 정보를 공유하는 것을 좋아한다면 강의, 강연 활동도 추천합니다.

유튜브 활동하기

▲ 유튜브 '디듀스튜디오'의 아이패드로 일러스트 그리기 섬네일

유튜브 활동을 통해 수익을 얻을 수도 있습니다. 이모티콘을 만드는 방법이나 이모티콘 캐릭터를 이용한 애니메이션, 이모티콘 작가 브이로그 등 콘셉트를 정한 후 다양한 콘텐츠를 제작해 영상을 올려 봅니다.

캐릭터 라이선싱

▲ 디듀x다꾸페 패션 콜라보

캐릭터 라이선싱을 계약하여 캐릭터 IP 사업으로 수익을 얻을 수도 있습니다. 쉽게 말해 자신의 캐릭터를 제공하고 캐릭터의 저작권료를 받는 것입니다. 캐릭터 라이선싱의 경우 계약서를 꼼꼼히 확인한 후 계약을 진행해야 합니다.

책 출간하기

이모티콘과 관련된 책을 출간하는 것도 좋습니다. 필자처럼 이모티콘 제작 관련 책을 낼 수도 있고, 드로잉 관련 책이나, 이모티콘 캐릭터 만화와 관련된 책 등을 출간할 수 있습니다.

디듀의 이모티콘 Talk! Talk!

이모티콘 작가로 활동하는 팁!

필자가 이모티콘 작가로 활동하며 얻은 소소한 팁과 독자 여러분께 말씀드리고 싶은 것을 공유합니다. 항상 즐겁게 작업하며 미승인에도 포기하지 않고 차근차근 도전해 봅니다.

✓ 항상 즐겁게 작업하기

이모티콘 작업은 즐거움이 함께해야 합니다. 일상에서 소소하게 얻은 아이디어를 이모티콘으로 만들면 즐겁게 작업할 수 있습니다. 스트레스받지 않고 즐겁게 작업해야 재미있는 이모티콘을 만들 수 있습니다. 그리고 이모티콘을 출시한 후에도 수익을 좇기보다 이모티콘을 출시한 것에 뿌듯함을 느끼고 과정을 즐긴다면 수익은 자연스럽게 따라올 것입니다. 자신의 창작물로 수익을 얻는 구조 자체에 기쁨을 느끼면 즐거운 작가 활동을 할 수 있습니다.

✓ 꾸준히 제안하기

이모티콘을 출시한 것에서 멈추지 않고 출시한 이모티콘의 시리즈를 제안해 봅니다. 이모티콘을 시리즈로 출시하면 이모티콘 캐릭터 팬을 늘릴 수 있습니다. 이모티콘 시리즈뿐만 아니라 신규 이모티콘도 꾸준히 제안하면서 계속해서 이모티콘을 출시할 수 있도록 열심히 작업합니다. 이모티콘이 출시되면 매일 순위와 수익을 신경쓸 수 있습니다. 출시 후 순위와 수익에 집착하지 말고 기존 이모티콘에서 더 발전된 이모티콘이나 새로운 이모티콘을 계속 만들다 보면 어느새 여러분도 이모티콘 작가가 되어있을 것입니다.

✓ 포기하지 않기

이 책을 읽으며 이모티콘을 만들어 보기도 하고 제안해 보기도 할 것입니다. 직접 이모티콘을 제안해 보면 생각보다 미승인되는 이모티콘이 많다는 사실을 체감할 수 있습니다. 필자 또한 16번의 제안을 거쳐 첫 승인을 받았습니다. 미승인을 받을 때마다 울기도 하고 그만둘까 생각하기도 했지만 부족한 것을 보완하고 계속 도전해서 결국 승인받을 수 있었습니다. 미승인은 승인을 위한 연습이라 생각하고 포기하지 않으면 좋겠습니다.

만약 출시하게 되더라도 출시의 기쁨은 잠깐이고 순위가 계속 신경 쓰일 수 있습니다. 힘들게 이모티콘을 출시하였는데 순위가 좋지 않고 생각보다 잘 판매되지 않는다면 결과에 좌절하지 말고 새로운 이모티콘을 만드는 것에 도전하거나 홍보와 같이 다른 활동을 더 열심히 해 봅니다. 이모티콘 작가는 혼자서 이겨내야 하는 것이 참 많습니다. 지치더라도 목표를 달성하기까지 본인의 속도에 맞게 힘을 내서 작업하면 좋은 결과가 있을 것입니다.

이모티콘을 출시한 후 이모티콘 캐릭터로 굿즈를 제작하기도 합니다. 굿즈를 만드는 방법에 대해 알아보기 전 굿즈 만들기의 기초와 굿즈를 만들 때 사용하는 프로그램인 일러스트레이터의 기본 사용법에 대해 알아보겠습니다.

굿즈 만들기 기초와 일러스트레이터 알아보기

굿즈 만들기 기초

이모티콘 캐릭터로 굿즈를 만들어 보기 전에 굿즈 만들기의 기초를 알아보는 챕터입니다. 다양한 굿즈 종류를 알아보고 RGB와 CMYK의 차이와 굿즈 제작 업체를 정하는 방법까지 살펴보겠습니다.

다양한 굿즈 종류

캐릭터로 확장할 수 있는 여러 가지 사업 중 쉽게 다가갈 수 있고 재미도 있는 굿즈 만들기에 대해 알아보겠습니다. 이모티콘을 출시하는 것에서 끝내지 않고 자신이 만든 이모티콘 캐릭터를 이용해 캐릭터 굿즈를 만들어 봅니다. 굿즈를 만들어 사업을 확장하면 캐릭터의 인지도를 올리고 수익을 얻을 수 있습니다. 굿즈의 종류는 다양합니다. 대표적으로 스티커, 키링, 마우스패드, 펜 등이 있습니다. 굿즈 제작 초반에는 만들기 쉬운 지류 굿즈를 많이 만드는데 그중 스티커가 가장 인기 있습니다.

스티커

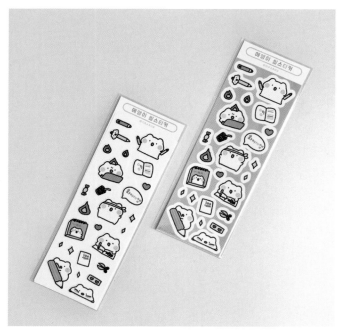

▲ 칼선이 있는 씰스티커

스티커는 씰스티커, 리무버블 스티커, 인쇄소 스티커, 타투 스티커, 에폭시 스티커, 투명 스티커 등 여러 가지 종류가 있습니다. 리무버블 스티커는 붙였다 떼도 자국이 남지 않는 스티커이고, 인쇄소 스티커는 칼선이 없는 스티커로 줄여서 '인스'라고 불립니다. 보통 칼선이 있는 씰스티커를 굿즈로 많이 만드는 편입니다. 스티커는 그려야 하는 캐릭터 개체 수가 많고 칼선까지 작업해야 하기 때문에 작업 난이도가 있는 편이지만 인기가 많기 때문에 만들어 보는 것을 추천합니다.

칼선은 무엇일까요?

칼선은 스티커를 낱개로 뜯기 위해 넣는 선입니다. 칼선은 다른 말로 재단선, 모양선이라고 할 수 있습니다. 칼선 작업이 필요한 굿즈는 일러스트레이터에서 작업해야 합니다. 왼쪽 그림에 있는 빨간 선처럼 벡터 파일로 칼선을 만들어야 하기 때문입니다.

떡메모지

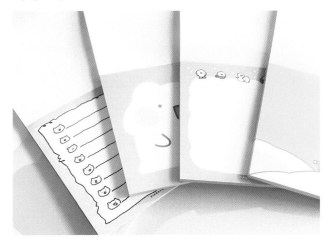

▲ 떡메모지

떡메모지는 메모지 윗부분에 풀이나 본드같은 접착제를 발라 제본한 메모지입니다. 포스트잇과 유사하지만 뒷면에 접착력이 없습니다. 실용성은 포스트잇과 같은 점착 메모지가 더 좋지만 굿즈를 만들 때 제작 단가가 낮은 떡메모지를 주로 만듭니다.

키링

▲ 아크릴 키링

키링은 열쇠, 자동차 키, 가방, 파우치 등 여러 곳에 걸 수 있는 액세서리입니다. 키링 종류로는 아크릴 키링, 인형 키링, 말랑 키링 등 여러 가지가 있으며 취향에 맞게 제작하면 됩니다. 키링은 제작하기 비교적 쉬워서 초보자도 쉽게 제작할 수 있습니다.

엽서, 포스터

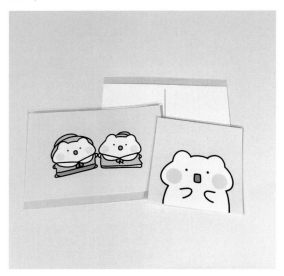

▲ 엽서

캐릭터 굿즈로 엽서나 포스터를 제작할 수 있습니다. 편지를 쓰기 위해 엽서를 구매하는 소비자도 있지만 엽서를 벽에 붙여 인테리어로 쓰거나 모으기 위해 구매하는 소비자도 있습니다. 포스터도 벽에 붙이는 인테리어용으로 구매하는 편입니다. 엽서나 포스터는 각각의 제작 크기에 맞게 디자인한 후 발주하면 되기 때문에 다른 굿즈에 비해 제작하기 쉬운 편입니다.

마스킹 테이프

마스킹 테이프는 다이어리를 꾸미는 사람들에게 인기가 많습니다. 마스킹 테이프는 반복되는 디자인으로 구성되어 있고 일반 테이프와 달리 종이 재질에 접착력이 약한 것이 특징입니다. 종이에 붙여도 쉽게 떼지고 자국이 별로 남지 않습니다. 여러 가지 크기와 길이로 제작할 수 있습니다.

▲ 마스킹 테이프

피규어, 인형

피규어와 인형은 캐릭터를 실제 모습처럼 만들어 소장할 수 있는 굿즈입니다. 캐릭터를 좋아하는 팬들에게 인기가 많은 굿즈이지만 제작 단가가 높고 3D 작업을 하는 경우가 있기 때문에 초보자가 제작하기에는 어려운 편입니다. 하지만 대부분의 이모티콘 작가가 꼭 한 번은 만들어 보고 싶어 하는 굿즈 중 하나입니다.

▲ 도자기 피규어

컵

▲ 시리얼컵

컵은 실용적으로 사용할 수 있기 때문에 실용성을 따지는 소비자들에게 인기가 있는 굿즈입니다. 주로 컵 위에 전사 인쇄를 통해 캐릭터를 인쇄하며 사용하는 색상이 많아질수록 단가는 높아집니다. 전사 인쇄는 전사지에 이미지를 인쇄하여 컵에 붙인 후 고온에 구워내는 방식입니다.

스마트톡

▲ 스마트톡

스마트톡은 핸드폰 뒤에 붙여 거치대로 사용하는 실용성 있는 굿즈입니다. 에폭시 스마트톡, 아크릴 스마트톡 등 다양한 종류로 제작할 수 있습니다. 원형이나 하트형 같은 기본형에 이미지를 넣어 쉽게 제작하기도 하고, 일러스트레이터에서 직접 캐릭터를 그려 자유형으로 제작하기도 합니다. 직접 캐릭터를 그려서 스마트톡을 만들 때는 칼선까지 작업합니다.

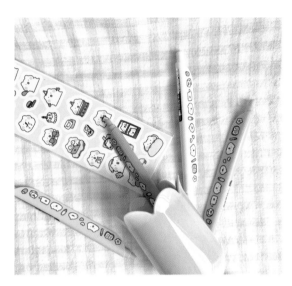

앞에서 언급한 굿즈 외에도 여러 가지 굿즈가 있습니다. 여러분이 만들고 싶은 굿즈는 무엇인지 고민해 보고 사람들이 어떤 굿즈를 좋아하는지 찾아 봅니다. 인스타그램이나 텐바이텐(www.10x10.co.kr), 핫트랙스(hottracks.kyobobook.co.kr), 젤리크루(www.jellycrew.me) 등 여러 소품샵 사이트에서 검색해 보며 다양한 굿즈를 알아봅니다.

굿즈를 작업하기 전 알아 둬야 할 색상 모드

굿즈를 작업하기 전에 먼저 색상 모드에 대해 알아야 합니다. 이모티콘을 만들 때는 RGB 모드로 작업했지만 굿즈를 만들 때는 CMYK 모드로 작업해야 합니다. 어떤 작업을 하느냐에 따라 색상 모드를 다르게 설정해야 하는데 왜 그래야 하는지 알아보겠습니다.

RGB와 CMYK 차이

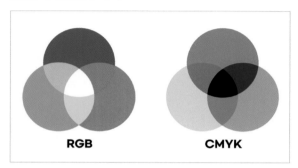

▲ RGB와 CMYK

RGB는 빛의 삼원색인 빨간색(Red), 초록색(Green), 파란색(Blue)으로 이루어져 있습니다. 빛은 색이 더해질수록 흰색에 가까워져서 RGB는 '가산 혼합'이라고 합니다. CMYK는 잉크의 사원색인 파란색(Cyan), 자주색(Magenta), 노란색(Yellow), 검은색(Black)으로 이루어져 있습니다. 잉크는 색이 더해질수록 검은색에 가까워져서 CMYK는 '감산 혼합'이라고 합니다.

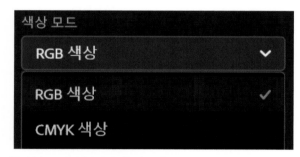

▲ 일러스트레이터에서 파일을 만들 때 정하는 색상 모드

색상 모드는 어떤 작업을 하느냐에 따라 다르게 설정합니다. RGB는 웹용 색상 모드로 모니터, 핸드폰, TV 등과 같은 디지털 기기의 스크린으로 출력할 때 사용합니다. CMYK는 인쇄용 색상 모드로 포스터, 명함, 스티커 등을 실제 인쇄 및 출력할 때 사용합니다. 디지털 기기에서 사용하는 이모티콘은 RGB 모드로, 실제로 인쇄해서 만드는 굿즈는 CMYK 모드로 작업해야 합니다.

굿즈 작업은 CMYK 모드로 작업하기

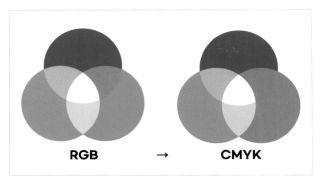

▲ RGB 모드의 이미지를 CMYK 모드로 변환했을 때

굿즈를 RGB 모드로 작업하면 나중에 인쇄할 때 색상이 모니터 화면과 다를 수 있습니다. 깜빡하고 RGB 모드로 작업하면 색 보정을 거쳐야 하므로 처음부터 CMYK 모드로 작업하는 것을 추천합니다. CMYK 모드로 작업하는 이유는 모니터 화면과 실제 결과물의 색상 차이를 최소한으로 하기 위함입니다. CMYK 모드로 작업해도 인쇄 업체의 컴퓨터 사양과 인쇄 기기, 인쇄 방식, 날씨, 굿즈의 종류, 종이 재질 등 다양한 원인에 따라 결과가 다르게 나올 수 있습니다. 더 정확한 결과물을 만들고 싶다면 인쇄 업체에 샘플을 요청하여 자신이 설정한 색상이 실제로 어떻게 나오는지 확인해야 합니다.

1도 인쇄와 4도 인쇄 그리고 별색 인쇄에 대해 알아보자

▲ 1도 인쇄한 머그컵

굿즈를 만들다 보면 '1도 인쇄' 또는 '4도 인쇄'라는 말을 들을 수 있습니다. 1도 인쇄는 한 가지 색상을, 4도 인쇄는 네 가지 색상을 사용하는 인쇄입니다. 몇 가지의 잉크를 사용하느냐에 따라 n도 인쇄가 되는 것입니다. 형광색이나 금색 등 특별한 색으로 인쇄하고 싶다면 별색을 사용해야 합니다. 별색 인쇄는 별도의 잉크를 만들어서 인쇄하는 것으로 CMYK 인쇄보다 가격이 비쌉니다. 만약 쨍한 핑크색을 배경으로 한 명함을 만들었는데 CMYK로 인쇄하면 탁한 핑크색으로 인쇄될 수 있습니다. 하지만 별색을 지정해서 인쇄하면 원하는 색감의 핑크색으로 인쇄됩니다.

굿즈 제작 업체 고르기

굿즈 제작 업체는 매우 다양합니다. 인터넷에 검색하면 바로 나오는 업체도 있고 오프라인에서 발품을 팔아야 하는 업체도 있습니다. 다양한 굿즈를 제작하는 업체가 있는 반면 소량의 종류만 제작하는 업체도 있습니다. 많은 굿즈 제작 업체 중 나에게 맞는 업체를 찾는 방법을 알아보겠습니다.

굿즈 제작 업체 찾는 방법

인쇄 굿즈면 인쇄를 주로 하는 업체를 찾고, 봉제 굿즈면 봉제 작업을 하는 업체를 찾아야 합니다. 포털 사이트에 '스티커 제작 업체'와 같이 만들고 싶은 굿즈를 검색하거나 카페에 굿즈 제작 업체를 구하는 게시글을 올리는 등 여러 가지 방법으로 다양한 업체를 찾아 봅니다. 여러 업체를 후보로 정해 두고 업체 사이트, 블로그, 카페 등 정보를 알 수 있는 곳에서 주로 어떤 굿즈를 만드는지와 단가별 가격, 제작 기간 등을 확인합니다. 그리고 업체명을 검색해 업체를 이용한 다른 사람들의 후기와 굿즈 퀄리티를 비교해 봅니다. 후기가 별로 없다면 업체에 이전에 제작한 굿즈의 샘플을 요청합니다. 굿즈 업체를 찾다 보면 판촉 업체들도 나오는데 판촉 업체보다는 판매용으로 전문적인 제작을 하는 업체를 찾는 것을 추천합니다.

굿즈 제작 업체 비교하기

굿즈를 제작할 업체를 어느 정도 선정하였다면 업체별로 최소 수량과 단가, 제작 기간 등을 비교해야 합니다. 사이트에 단가가 나와 있지 않은 경우도 있기 때문에 그런 업체에는 메일이나 문자, 전화, 사이트 게시판 등을 통해 견적을 문의해야 합니다. 견적을 문의할 때는 제작할 굿즈의 스케치와 원하는 수량, 제작 기간 등의 정보를 함께 보내야 더 정확한 견적을 받을 수 있습니다. 견적 결과는 굿즈의 종류, 색상, 칼선 등에 따라 달라질 수 있으니 여러 곳에서 견적을 문의해 보고 제일 마음에 드는 곳에서 샘플을 제작해 봅니다.

안녕하세요.
pvc 마우스 패드 제작 가능한지 문의드립니다.
크기는 약 22cmx19cm 3t 정도로 아래의 캐릭터모양의 마우스패드를 생각중입니다.
최소수량과 대략적인 수량별 단가(vat포함)가 궁금합니다.
혹 샘플제작도 가능한지 궁금합니다.

제작 가능하다면 최소수량/수량별단가/샘플제작가능한지(가능하면 비용도 함께) 답변주시면 감사하겠습니다.

▲ 실제 마우스패드 견적 문의 메일

PVC 자유형 마우스패드 220mm × 190mm (두께 : 3mm)
100개 : 3,100원
200개 : 1,800원
300개 : 1,500원

부가세별도, 컬러인쇄 1면 , 개별OPP포장(비접착식), 제작기간 (7~8일 소요 후 출고)

샘플제작비용 : 약 30만원 발생

위와같이 안내드립니다

감사합니다.

1000개 기준 가격 알려드립니다.
220*175mm 이상 240*200mm 이내 규격으로
2t일 때에는 부가세별도 680원, 부가세포함 총 금액 748,000원
3t일 때에는 부가세별도 760원, 부가세포함 총금액 836,000원입니다.

시안과 제작물의 색상 차이가 발생하므로 인쇄 감리를 볼 것을 권하며 그럴 경우, 1000개부터 가능합니다.
인쇄소는 을지로에 있습니다.
합판제작이라 인쇄 색상을 100% 조율하지는 못하지만 최대한 원하시는 색에 가깝게 조정하여 인쇄할 수 있습니다.

pvc칼라마우스패드는 샘플 제작 불가합니다.

제작 기간 약 7일입니다.

문의주신 자유형 마우스패드 제작 가능하며, 최소수량 **1000개**부터 제작가능하며,

개당 **995원(vat별도)**입니다.

샘플제작은 제품 특성상 작업이 어렵습니다.

궁금한 사항있으시면 아래 연락처로 연락주세요.~^^

▲ 실제 업체별 문의 답변 메일

굿즈 제작부터 판매까지 해주는 업체

굿즈 제작만 해주는 업체와 달리 굿즈의 제작부터 판매와 배송까지 해주는 마플샵(marpple.shop)과 위드굿즈(withgoods.net) 같은 업체가 있습니다. 굿즈를 디자인해서 사이트에 올려놓으면 업체에서 해당 디자인에 대한 주문을 받아 굿즈를 제작하고 배송까지 모두 해주는 시스템입니다. 작가에게는 디자인에 대한 비용만 돌아갑니다. 재고가 쌓이더라도 굿즈를 직접 판매해서 수익을 전부 챙기고 싶다면 여러 업체를 비교해 본 후 굿즈를 제작하면 되지만, 재고가 쌓이는 것이 싫고 주문이 들어왔을 때 업체가 제작부터 배송까지 해주는 것이 좋을 것 같다면 제작부터 판매까지 해주는 업체를 이용하면 됩니다. 각각의 장단점이 있으니 자신의 상황에 맞게 굿즈를 판매해 봅니다.

굿즈 제작 과정 한눈에 보기

굿즈 제작 과정은 작가마다 다를 수 있지만 여러분들의 이해를 돕기 위해 필자의 경험을 바탕으로 굿즈 제작 과정을 정리해 놓았습니다. 굿즈를 제작하다 보면 자신에게 맞는 제작 방식을 찾게 됩니다. 굿즈 만들기를 연습하면서 실력을 쌓아 다양한 굿즈를 제작해 봅니다. 초반에는 재고가 많이 쌓일 수 있기 때문에 대량으로 발주하지 않는 것을 추천합니다.

① 굿즈 종류 정하기
굿즈를 만들기 위해 먼저 어떤 굿즈를 만들지 생각해 봅니다.

② 디자인 스케치하기
자신의 캐릭터를 활용해 제작할 굿즈에 어울리는 디자인을 스케치합니다. 예를 들어 떡메모지라면 메모를 할 수 있는 공간을 넣어 디자인합니다.

③ 업체 선정하기
굿즈를 제작할 업체를 선정합니다. 여러 업체 중 비용과 기간, 제작 후기를 비교해 선택합니다. 먼저 업체를 선택한 후에 업체 제작 가이드에 맞춰 디자인을 스케치해도 좋습니다.

④ 파일 제작하기
업체 제작 가이드에 맞게 디지털 파일을 제작합니다. 스케치한 것을 일러스트레이터 또는 포토샵 파일로 제작합니다.

⑤ 샘플 발주하기
굿즈의 샘플을 발주합니다. 혹시 모를 실수와 오류가 있을 수도 있고 색상과 크기, 퀄리티를 확인해야 하기 때문입니다. 만약 선택한 업체에서 샘플을 발주할 수 없다면 다른 업체에서라도 샘플을 발주해 확인합니다.

⑥ 샘플 확인 및 수정하기
샘플을 확인하였는데 작업에 실수가 있거나 색상이나 크기 등이 원하는 느낌이 아니라면 수정해야 합니다. 만약 선택한 업체의 샘플 퀄리티가 마음에 들지 않는다면 다른 업체를 찾아 봅니다.

⑦ 본품 발주하기
샘플이 마음에 든다면 본품을 발주합니다. 대부분의 굿즈 업체는 수량이 많을수록 단가가 낮아집니다. 굿즈를 처음 만들 때는 소량으로 발주하기 때문에 단가가 높아질 수 있습니다.

⑧ 본품 검수하기

본품 제작이 완료되면 본품을 검수합니다. 샘플에 비해 검수할 굿즈의 양이 많기 때문에 하나씩 차근차근 검수합니다. 샘플과 비슷한지, 양이 맞게 왔는지, 판매를 해도 괜찮은 퀄리티인지 등을 검수합니다.

⑨ 포장하기

굿즈의 크기에 맞게 굿즈를 포장합니다. 주로 OPP 봉투나 플라스틱 박스, 종이 박스에 포장합니다.

⑩ 판매하기

사업자 등록 후 굿즈 판매를 시작합니다. 네이버 스마트 스토어, 트웬티(www.twenty.style)또는 개인 웹사이트를 만들어 판매하거나 위탁 업체에 입점하여 판매할 수 있습니다.

CHAPTER 02
일러스트레이터 알아보기

굿즈를 제작할 때 주로 사용하는 일러스트레이터의 무료 체험판 다운로드 방법과 기본 사용법에 대해 알아보겠습니다.
일러스트레이터에는 많은 기능이 있지만 굿즈 제작에 유용하고 자주 사용하는 도구와 기능 위주로 살펴봅니다.

일러스트레이터 무료 체험판 다운로드하기

어도비 사이트에 접속해 일러스트레이터 무료 체험판 다운로드 방법에 대해 알아보겠습니다.

01 인터넷 주소창에 'adobe.com/kr'을 입력하여 어도비 사이트에 접속합니다. 오른쪽 상단의 [로그인]을
클릭하여 로그인한 후 메뉴의 [크리에이티비티 및 디자인] – [Illustrator]를 클릭합니다.

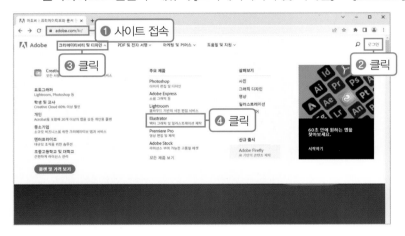

02 [무료 체험하기]를 클릭합니다.

03 플랜을 [개인]으로 선택한 후 [Illustrator]를 선택하고 7일 체험판 이후 진행할 구독 유형을 선택합니다. 예제에서는 [연간, 매월 지불]을 선택했습니다. [계속]을 클릭합니다.

04 결제 정보를 입력한 후 [무료 체험기간 시작]을 클릭하면 이후 과정을 거쳐 일러스트레이터를 설치할 수 있습니다.

무료 체험판 취소 날짜 확인

화면 오른쪽 하단의 '무료 체험판 약관'에서 무료 체험판 취소 가능한 날짜를 확인합니다. 무료 체험 기간이 끝나면 자동으로 결제가 진행되기 때문에 무료 체험판 이용 후 자동 결제를 원치 않는다면 체험 기간이 끝나기 전 플랜을 취소합니다.

일러스트레이터 기본 사용법 알아보기

일러스트레이터는 픽셀이 아닌 점, 선, 면으로 구성되기 때문에 그림이 깨지지 않는 벡터 작업에 최적화된 프로그램입니다. 굿즈를 제작할 때 필요한 기본적인 사용법을 알아봅니다. 일러스트레이터는 펜 도구를 이용해 마우스만으로 작업할 수 있습니다. 더 편하게 작업하고 싶다면 타블렛을 준비해도 좋습니다.

새로운 아트보드 만들기

[파일] – [새로 만들기] 또는 단축키 Ctrl + N 을 눌러 새로운 문서를 만들 수 있습니다. 굿즈를 작업하기 위해 원하는 크기로 캔버스를 설정합니다. 굿즈는 인쇄물이기 때문에 단위는 픽셀이 아닌 밀리미터로, 색상 모드는 RGB 색상이 아닌 CMYK 색상으로 설정합니다.

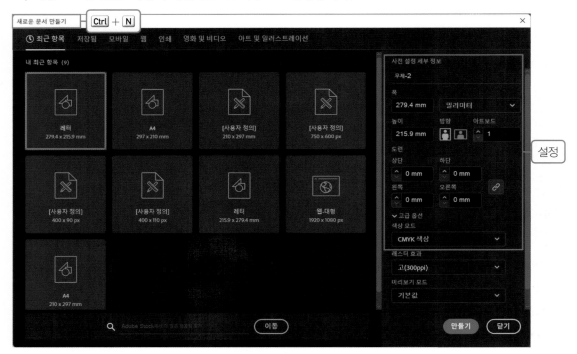

일러스트레이터 인터페이스 살펴보기

캔버스를 만들면 나오는 일러스트레이터의 기본 작업 화면으로 이전에 배운 포토샵의 작업 화면과 비슷합니다. 먼저 일러스트레이터의 전체 UI(사용자 인터페이스)를 살펴보겠습니다.

❶ **메뉴바:** 메뉴바는 일러스트레이터의 메뉴를 탭별로 모아놓은 곳으로 파일, 편집, 오브젝트, 문자 등 다양한 메뉴가 있습니다.

❷ **옵션바:** 현재 선택된 도구의 설정을 바꿀 수 있습니다. 도구에 따라 옵션이 달라집니다.

❸ **툴바:** 여러 가지 도구가 모여 있는 곳으로 오른쪽 아래 작은 삼각형이 있다면 도구 그룹이 숨어있다는 뜻입니다. 해당 도구를 길게 클릭하면 도구 그룹을 볼 수 있습니다.

❹ **패널:** 보통 화면 오른쪽에 있는 창을 패널이라고 합니다. 패널에서는 여러 가지 작업을 할 수 있고 메뉴바의 [윈도우] 메뉴에서 원하는 패널을 활성화할 수 있습니다.

굿즈 작업에 최적화된 작업 화면

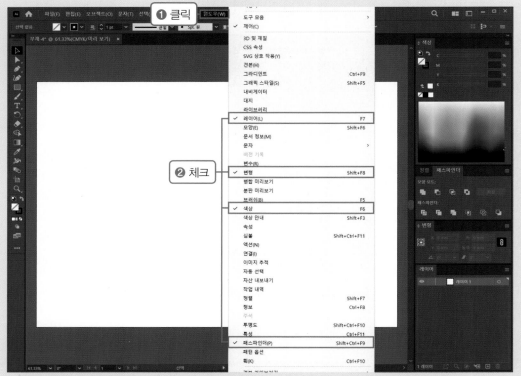

굿즈 작업에 최적화된 작업 화면입니다. 메뉴바의 [윈도우]에서 [레이어], [변형], [색상], [패스파인더]를 체크하여 꺼내고 자주 사용하지 않는 패널은 체크 해제합니다.

정렬 패널 살펴보기

일러스트레이터에서 굿즈를 작업할 때 많이 사용하지만 초보자분들에게는 다소 생소한 정렬 패널의 각 명칭과 특징을 알아보겠습니다. 정렬 패널은 선택한 오브젝트를 특정 오브젝트나 아트보드를 기준으로 정렬하거나 배치합니다.

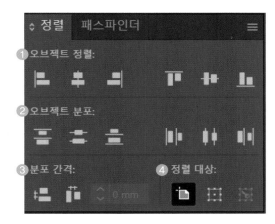

① **오브젝트 정렬:** 오브젝트를 가로, 세로 기준으로 정렬합니다.

② **오브젝트 분포:** 세 개 이상의 오브젝트의 가로, 세로 간격을 일정하게 정렬합니다.

③ **분포 간격:** 간격을 원하는 대로 지정할 수 있습니다.

④ **정렬 대상:** 선택한 오브젝트를 어떤 기준으로 정렬할지 선택합니다. 기준에는 [선택 항목에 정렬], [대지에 정렬], [주요 오브젝트에 정렬]이 있습니다. [주요 오브젝트에 정렬]은 정렬할 오브젝트를 선택한 후 주요 오브젝트를 한 번 더 클릭하여 정렬합니다.

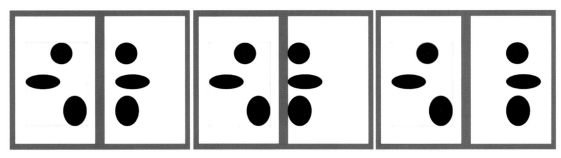

▲ 선택 항목에 가로 왼쪽 정렬   ▲ 대지에 가로 왼쪽 정렬   ▲ 주요 오브젝트에 가로 왼쪽 정렬

패스파인더 패널 살펴보기

정렬 패널 다음으로 굿즈를 작업할 때 많이 사용하는 패스파인더 패널의 각 명칭과 특징을 알아보겠습니다. 패스파인더 패널은 두 개 이상의 오브젝트를 합치거나 빼서 새로운 형태를 만들 수 있습니다.

- 모양 모드

① 합치기　　② 앞면 오브젝트 제외　③ 교차 영역　　④ 교차 영역 제외

- 패스파인더

① 나누기　　　　　② 동색 오브젝트 분리　　③ 병합

 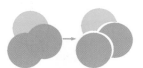 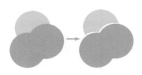

④ 자르기　　　　　⑤ 윤곽선　　　　　⑥ 이면 오브젝트 제외

일러스트레이터에서 자주 사용하는 도구 알아보기

일러스트레이터의 툴바를 살펴보고 굿즈를 작업할 때 자주 사용하는 펜 도구에 대해서 알아보겠습니다. 모든 도구를 다 알아 두면 좋지만 자주 사용하는 도구만 알아도 충분히 굿즈를 만들 수 있습니다.

일러스트레이터 툴바 살펴보기

여러 가지 도구가 모여 있는 툴바를 살펴보겠습니다. 툴바에 있는 기본 도구의 기능만 알아도 굿즈 작업을 무리 없이 할 수 있습니다.

❶ **선택 도구:** 점과 선으로 이루어진 오브젝트를 선택하거나 이동합니다.

❷ **직접 선택 도구:** 오브젝트를 부분 선택하거나 고정점을 선택해 세밀하게 조정합니다.

❸ **펜 도구:** 고정점과 핸들을 사용해 패스를 만듭니다.

❹ **곡률 도구:** 곡선의 패스를 만들거나 수정할 때 사용합니다.

❺ **사각형 도구:** 사각형을 그릴 수 있습니다.

❻ **페인트브러쉬 도구:** 브러시로 다양한 형태의 그림을 그리거나 브러시 효과를 적용한 패스를 만듭니다.

❼ **문자 도구:** 다양한 폰트의 문자를 입력하고 편집하는 도구입니다.

❽ **회전 도구:** 선택한 오브젝트를 원하는 각도로 회전합니다.

❾ **지우개 도구:** 패스 또는 모양을 지우는 도구입니다.

❿ **스포이드 도구:** 클릭한 부분의 색상을 추출합니다.

⓫ **아트보드 도구:** 아트보드(=캔버스, 대지)를 설정합니다.

⓬ **칠/획:** '칠'은 오브젝트의 면 색상, '획'은 오브젝트의 선 색상을 설정합니다.

펜 도구로 직선 패스와 곡선 패스 그리기

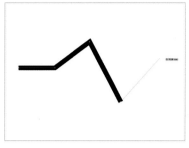 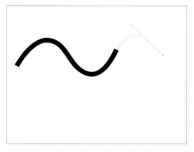

▲ 직선 패스   ▲ 곡선 패스

펜 도구는 마우스로 선을 그릴 수 있는 도구입니다. 펜 도구를 선택하고 아트보드를 클릭하면 고정점이 생기고 원하는 방향으로 아트보드를 한 번 더 클릭하면 직선이 그려집니다. 그리기를 끝내고 싶다면 Enter를 누르거나 Ctrl을 누른 채 빈 화면을 클릭합니다.

곡선 패스는 직선 패스보다 그리기 어려워 연습해야 합니다. 고정점을 기준으로 원하는 방향으로 아트보드를 길게 누르면 핸들이 생깁니다. 이 핸들을 조정하면 원하는 모양의 곡선 패스를 그릴 수 있습니다. 핸들만 조정하고 싶다면 Alt를 누른 채 핸들을 클릭하고, 패스도 함께 조정하고 싶다면 Ctrl을 누른 채 패스를 클릭합니다. 곡선 패스를 다 그렸는데 모양이 마음에 안들면 직접 선택 도구로 부분 수정할 수 있습니다.

열린 패스와 닫힌 패스

일러스트레이터에서 캐릭터나 굿즈를 그릴 때 한 가지 색상으로 이루어진 오브젝트라면 닫힌 패스로 그리는 것이 좋습니다. 열린 패스는 시작 고정점과 종료 고정점이 연결되지 않은 패스이고, 닫힌 패스는 시작 고정점과 종료 고정점이 연결된 패스로 하나의 오브젝트입니다. 열린 패스를 닫힌 패스로 만들고 싶으면 Ctrl + J를 눌러 패스를 닫아 줍니다.

▲ 열린 패스와 닫힌 패스

일러스트레이터의 여러 가지 도구로 캐릭터 그리기

일러스트레이터에서 펜 도구, 물방울 브러쉬 도구, 연필 도구를 사용해 캐릭터를 그리는 방법을 알아보겠습니다. 여러 가지 도구 중 자신에게 맞는 도구를 찾아 보고 굿즈를 만들 때 적용합니다.

펜 도구로 캐릭터 그리기   📁 **준비 파일 |** P07\Ch02\일러스트레이터로 캐릭터 그리기.jpg

01 펜 도구는 깔끔한 선을 그릴 수 있습니다. 처음엔 조금 어려울 수 있지만 계속 연습하면 익숙해질 수 있습니다. [파일] – [가져오기] 명령으로 '일러스트레이터로 캐릭터 그리기.jpg' 파일을 불러온 후 옵션바에서 [포함]을 클릭합니다. 준비 파일이 아닌 개인적으로 스케치한 캐릭터 파일을 가져와도 좋습니다.

02 아트보드에서 이미지를 클릭한 후 옵션바에서 불투명도를 '30%'로 설정합니다.

03 레이어 패널에서 '레이어 1' 레이어를 더블 클릭해 이름을 '스케치'로 변경한 후 Enter 를 눌러 줍니다. 잠금 아이콘을 클릭해 '스케치' 레이어를 잠가 줍니다. 새 레이어 만들기 아이콘을 클릭해 새 레이어를 만들고 이름을 '펜툴'로 변경합니다.

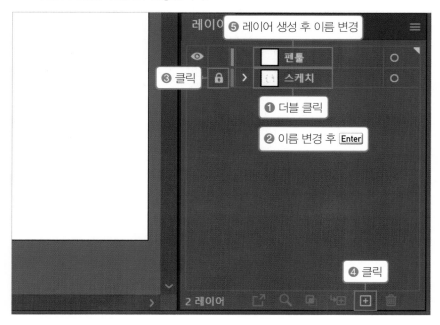

04 [펜 도구]를 클릭하고 옵션바에서 칠은 '없음'으로, 획은 '검은색'으로 설정합니다.

05 옵션바에서 획 두께를 '7 pt'로 설정한 후 펜 도구로 캐릭터 스케치를 따라 그립니다.

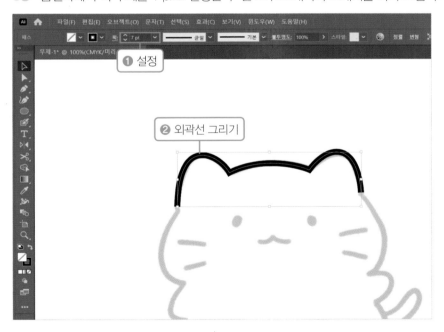

Tip! 가이드 선을 다른 색으로 바꾸고 싶을 때

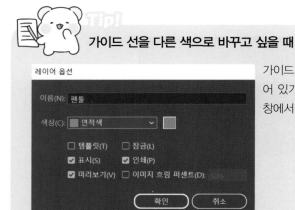

가이드 선이 빨간색인 이유는 색상이 '연적색'으로 설정되어 있기 때문입니다. 레이어를 더블 클릭하면 레이어 옵션 창에서 색상을 다른 색으로 변경할 수 있습니다.

06 펜 도구로 캐릭터 스케치를 따라 그리다 보면 패스가 원하는 방향이 아닌 이상한 방향으로 향할 때가 있습니다. 이때 Alt 를 누른 채 고정점을 클릭하면 다시 원하는 방향으로 패스를 그릴 수 있습니다.

07 펜 도구로 차근차근 캐릭터 스케치를 따라 그려 봅니다. 핸들을 원하는 방향으로 수정하고 싶을 때는
Alt를 누른 채 핸들을 클릭합니다. 패스까지 같이 수정하고 싶을 때는 **Ctrl**을 누른 채 패스를 클릭하면
됩니다.

08 캐릭터의 눈 모양은 선이 아니기 때문에 도형 도구를 이용하면 좋습니다. [사각형 도구]를 길게 클릭해
[원형 도구]를 선택합니다. 옵션바에서 칠은 '검은색'으로, 획은 '없음'으로 설정한 후 눈 모양을 따라 그려
줍니다.

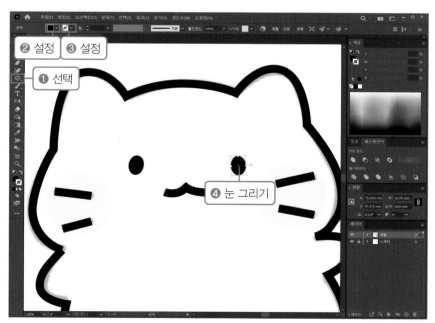

09 패스의 끝 단면이 어색하기 때문에 옵션바에서 [획]을 클릭한 후 단면을 '둥근 단면'으로, 모퉁이를 '둥근 연결'로 설정합니다.

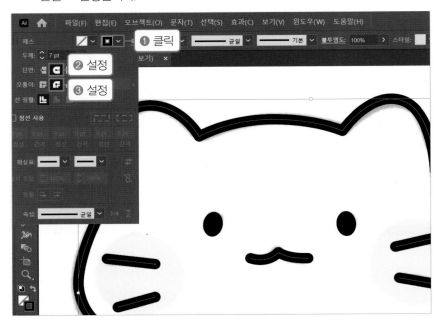

10 툴바 아래쪽에 [⋯]을 클릭하고 [매끄럽게 도구]를 선택합니다.

11 [매끄럽게 도구]로 패스 위에서 클릭&드래그하면 고정점들이 변형되면서 매끄러워집니다. [직접 선택 도구]를 사용해 패스의 어색한 부분을 클릭해 정리해도 좋습니다.

12 캐릭터를 채색하기 위해 아트보드에서 몸통과 꼬리를 선택합니다. 그리고 색상 패널에서 [칠]을 더블 클릭해 원하는 색상으로 설정합니다. 예제에서는 '#FDEDF0'으로 설정했습니다.

13 툴바에서 [원형 도구]를 클릭한 후 클릭&드래그하여 볼터치 모양을 그려 줍니다. 색상 패널에서 [칠]을 더블 클릭해 원하는 색상으로 설정합니다. 예제에서는 '#F4B0B3'으로 설정하였습니다. 그리고 획은 '없음'으로 설정합니다.

14 볼터치가 수염을 가리기 때문에 Ctrl + Y 를 눌러 윤곽선 보기를 실행합니다. 툴바에서 [선택 도구]를 클릭하고 수염만 선택한 후 마우스 오른쪽 버튼을 클릭하여 [정돈] – [맨 앞으로 가져오기]를 클릭합니다. '맨 앞으로 가져오기'의 단축키는 Shift + Ctrl + 1 입니다.

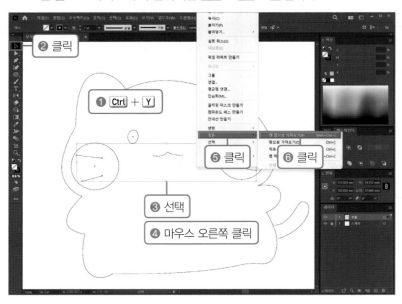

15 다시 Ctrl + Y 를 누르면 수염이 볼터치 위로 온 것을 확인할 수 있습니다. 꼬리는 맨 뒤로 가야하기 때문에 꼬리를 선택한 후 마우스 오른쪽 버튼을 클릭하여 [정돈] – [맨 뒤로 보내기]를 클릭합니다. 일러스트레이터는 정돈 기능이 있어 포토샵처럼 레이어가 크게 중요하지 않습니다.

16 채색을 끝내고 레이어 패널에서 '스케치' 레이어의 눈 아이콘을 클릭해 끄면 펜 도구로 캐릭터 그리기를 완성하였습니다.

물방울 브러쉬 도구로 캐릭터 그리기

01 레이어 패널에서 '스케치' 레이어의 눈 아이콘을 클릭해 눈을 켜고, '펜툴' 레이어의 눈 아이콘을 클릭해 눈을 끕니다. 새 레이어 만들기 아이콘을 클릭해 새 레이어를 만들고 이름을 '물방울 브러쉬'로 변경합니다

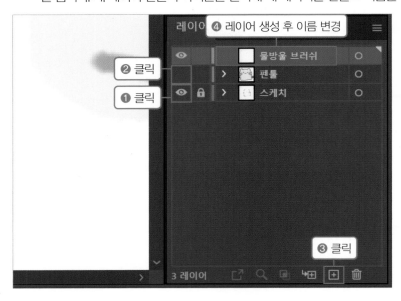

02 [페인트브러쉬 도구]를 길게 클릭해 [물방울 브러쉬 도구]를 선택합니다. 물방울 브러쉬 도구는 펜 도구와 다르게 패스가 아닌 면이 만들어 집니다. 따라서 물방울 브러쉬 도구로 캐릭터를 그리면 윤곽선의 크기 조절이 어렵습니다. 하지만 펜 도구보다 손 그림 느낌을 내기 쉽고 무테 그림을 그리거나 채색할 때 유리합니다.

03 캐릭터의 외곽선을 그립니다. 물방울 브러쉬로 그릴 때는 마우스로 천천히 그릴 수는 있지만 타블렛을 사용하는 것을 추천합니다.

04 캐릭터 스케치 위에 평소 드로잉하듯이 캐릭터의 외곽선을 따라 그려 줍니다. 캐릭터의 외곽선을 선택하면 패스가 아닌 면으로 그려진 것을 확인할 수 있습니다. 물방울 브러쉬 도구도 직접 선택 도구로 수정할 수 있습니다.

05 채색을 하기 위해 툴바에서 [선택 도구]를 클릭해 오브젝트를 선택합니다. 메뉴바의 [오브젝트] – [라이브 페인트] – [만들기]를 클릭합니다.

06 툴바 아래쪽에 [⋯]을 클릭하고 [라이브 페인트 통]을 선택합니다. 오브젝트에 마우스 커서를 대면 빨갛게 선택되고 원하는 칠 색상을 선택하여 클릭하면 채색됩니다.

07 몸통 채색을 다 하면 메뉴바의 [오브젝트] - [라이브 페인트] - [확장]을 클릭합니다.

08 도구바에서 [선택 도구]를 클릭하여 오브젝트를 선택합니다. 마우스 오른쪽 버튼을 클릭해 [그룹 풀기]를 선택하여 몸통과 눈, 수염 등을 그룹 해제합니다.

09 '펜 도구로 캐릭터 그리기'의 **13~14**처럼 볼터치를 그린 후 수염이 앞으로 오도록 정돈하면 물방울 브러쉬 도구로 캐릭터 그리기를 완성하였습니다.

연필 도구로 캐릭터 그리기

01 레이어 패널에서 '스케치' 레이어의 눈 아이콘을 클릭해 눈을 켜고, '펜툴' 레이어와 '물방울 브러쉬' 레이어의 눈 아이콘을 클릭해 눈을 끕니다. 새 레이어 만들기 아이콘을 클릭해 새 레이어를 만들고 이름을 '연필'로 변경합니다.

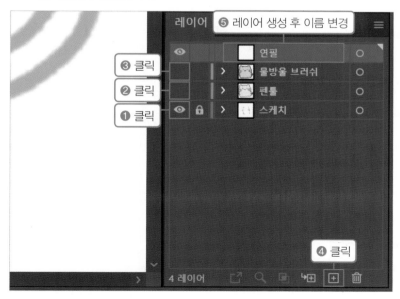

02 툴바의 [페인트브러쉬 도구]를 길게 클릭해 [연필 도구]를 선택합니다. 연필 도구는 손 그림 느낌을 내면서 패스를 만들 수 있습니다. 연필 도구도 타블렛이 있으면 더욱 수월하게 그릴 수 있습니다.

 페인트브러쉬 도구 그룹에 연필 도구가 없어요!

일러스트레이터는 기본 도구 그룹에 내가 원하는 도구를 추가할 수 있습니다. 필자는 페인트브러쉬 도구 그룹에 연필 도구를 추가하였습니다. 도구를 추가하는 방법은 툴바 아래쪽에 […]을 클릭한 후 [연필 도구]를 [페인트브러쉬 도구]로 클릭&드래그합니다.

03 연필 도구를 더블 클릭해 연필 도구 옵션 창에서 [정확도]를 '매끄럽게'로 설정한 후 [확인]을 클릭합니다. 프로크리에이트의 손 떨림 방지 기능과 비슷한 기능입니다.

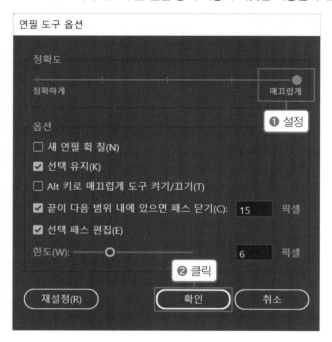

04 옵션바에서 획 두께를 '7 pt'로 설정한 후 캐릭터 스케치를 따라 그립니다.

05 캐릭터 외곽선의 단면이 어색하기 때문에 옵션바에서 [획]을 클릭한 후 단면을 '둥근 단면'으로, 모퉁이를 '둥근 연결'로 설정합니다.

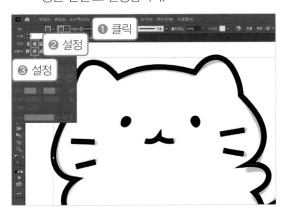

06 채색하기 위해 툴바에서 [연필 도구]를 길게 클릭해 [물방울 브러쉬 도구]를 선택한 후 [획]을 클릭해 원하는 색상으로 설정하고 몸통을 채색합니다.

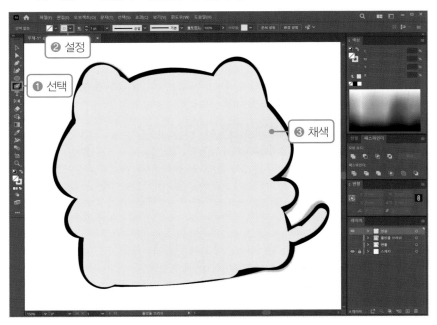

07 툴바에서 [선택 도구]를 클릭한 후 채색 오브젝트를 선택하고 마우스 오른쪽 버튼을 클릭해 [정돈] - [맨 뒤로 보내기]를 클릭합니다.

08 툴바에서 [지우개 도구]를 길게 클릭해 [가위 도구]를 선택한 후 몸통보다 튀어나온 꼬리 부분을 클릭하여 잘라 줍니다. 꼬리에서 자른 부분은 Delete 를 눌러 삭제합니다.

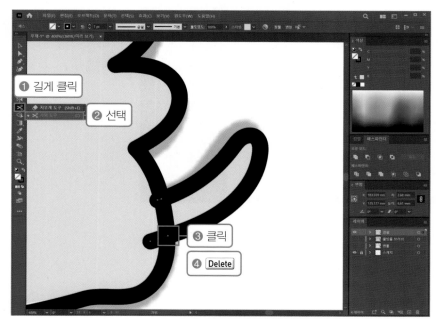

09 '펜 도구로 캐릭터 그리기'의 **13~14**처럼 볼터치를 그린 후 수염이 앞으로 오도록 정돈하면 연필 도구로
   캐릭터 그리기를 완성하였습니다.

벡터 그래픽의 장점

일러스트레이터는 벡터 프로그램이기 때문에 펜 도구,
물방울 브러쉬 도구, 연필 도구로 그린 그림은 아무리
확대하고 축소해도 깨지지 않습니다. 각 도구의 특징
을 알았다면 한 가지 도구만 사용하기보다 여러 도구
를 함께 사용해 굿즈를 만들어 봅니다.

▲ 펜 도구, 물방울 브러쉬 도구, 연필 도구의 윤곽선 보기 모드

자주 사용하는 일러스트레이터 단축키

일러스트레이터에서 굿즈를 작업할 때 자주 사용하는 단축키를 소개합니다. 일러스트레이터의 전체 단축키 중 활용도가 높은 것만 골라 정리했습니다. 아래 단축키를 외워두면 일러스트레이터의 작업 속도를 월등히 높일 수 있습니다.

✓ 파일 단축키

Ctrl + N 새로 만들기

Ctrl + O 파일 열기

Ctrl + S 파일 저장

Ctrl + Shift + S 다른 이름으로 저장

Ctrl + Alt + Shift + S 웹용으로 저장

✓ 선택, 편집 단축키

Ctrl + A 오브젝트 전체 선택

Ctrl + D 명령 반복

Ctrl + C 복사하기

Ctrl + V 붙여넣기

Ctrl + X 잘라내기

Ctrl + Shift + V 제자리에 붙여넣기

Ctrl + G 그룹으로 묶기

Ctrl + Shift + G 그룹 해제하기

[,] 브러시 크기 조절

✓ 화면 단축키

Ctrl + + 화면 확대

Ctrl + - 화면 축소

Alt + **마우스 휠** 화면 조정

Ctrl + 0 화면 크기에 맞게 조정

Ctrl + Y 아웃라인 보기

Shift + O 대지 도구

Spacebar + **마우스** 화면 이동

✓ 도구

[V] 이동 도구

[A] 직접 선택 도구

[I] 스포이드 도구

[B] 브러시 도구

[Shift] + [E] 지우개 도구

[T] 문자 도구

[Delete] 삭제

✓ 작업 내역

[Ctrl] + [Z] 작업 취소

[Ctrl] + [Shift] + [Z] 재실행

나만의 단축키 설정하기

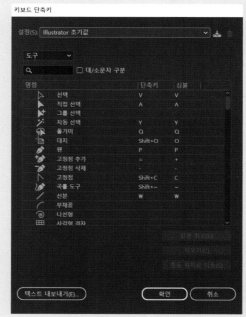

메뉴바의 [편집] - [키보드 단축키] 또는 단축키 [Ctrl] + [Alt] + [Shift] + [K]로 나만의 단축키를 설정할 수 있습니다. 자신에게 편한 단축키를 설정해 봅니다.

이제 본격적으로 이모티콘 캐릭터 굿즈를 만들어 보겠습니다. 스티커, 떡메모지, 키링 굿즈를 만드는 방법과 굿즈를 만든 후 판매하는 방법까지 소개합니다.

PART 08

이모티콘 캐릭터
굿즈 만들고
판매하기

굿즈 만들기

본격적으로 일러스트레이터를 이용해 굿즈를 만들어 보겠습니다. 굿즈 제작에 꼭 필요한 칼선을 만드는 방법을 주의 깊게 살펴 봅니다. 스티커와 떡메모지, 키링 굿즈를 일러스트레이터로 제작한 후 업체에 발주하는 방법까지 알아보겠습니다.

씰스티커 만들고 발주하기

스티커는 이모티콘 굿즈의 기본이라고 할 수 있습니다. 단가가 센 편이 아니기 때문에 부담 없이 만들 수 있고 다양한 캐릭터 스티커를 제작한 후 판매하면 팬들의 사랑을 받을 수 있습니다. 스티커는 칼선이 없어 직접 잘라야 하는 인쇄소 스티커와 칼선이 있는 씰스티커가 있습니다. 예제에서는 씰스티커를 만들어 보겠습니다.

업체 정하기

01 먼저 어떤 업체에서 제작할 것인지 정해야 합니다. 예제에서는 레드프린팅 앤 프레스(www.redprinting.co.kr)에서 제작하겠습니다. 메뉴의 [스티커] – [모양별 스티커] – [자유형 스티커]를 클릭합니다.

02 굿즈를 작업하기 전 주문 시 유의 사항과 주문할 때 첨부할 PDF 파일을 만드는 방법을 살펴봅니다. 특히 칼선 주의사항을 숙지합니다.

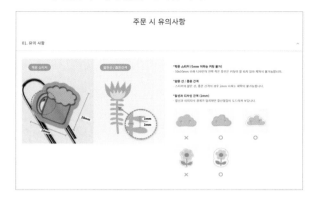

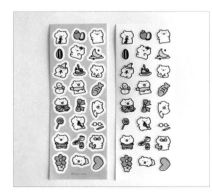

반칼 스티커와 완칼 스티커의 차이 알아보기

씰스티커 종류에는 반칼 스티커와 완칼 스티커가 있습니다. 반칼 스티커는 배경이 있는 씰스티커이고, 완칼 스티커는 배경 없이 하나씩 잘라져 있는 조각 스티커입니다. 굿즈는 주로 배경이 있는 씰스티커(반칼 스티커)로 제작합니다.

스티커 디자인하기

01 시중에 나와 있는 스티커는 어떤 크기로 만들었는지 찾아 본 후 제작할 스티커의 크기를 정합니다. 예제에서는 '65×180 mm' 크기의 스티커를 만들겠습니다.

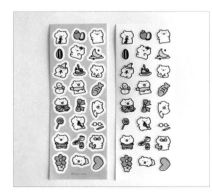

▲ 쮸구리는 귀여워 씰스티커(65×180 mm)   ▲ 동물옷 입은 에엥이 씰스티커(50×150 mm)

02 스케치 노트, 프로크리에이트, 일러스트레이터 중 작업하기 편한 곳에서 스케치합니다. 스티커의 주제를 정하고 주제에 맞게 이모티콘 캐릭터를 하나씩 그려봅니다. 예제에서는 크리스마스 콘셉트의 스티커를 스케치하였습니다.

스티커 스케치하기

스티커와 스티커 간격 신경 쓰기

▲ 출처: 레드프린팅 앤 프레스

스티커를 스케치할 때 스티커와 스티커 사이 간격을 신경 써서 스케치합니다. 업체마다 제작 가이드가 다르니 작업 시 유의 사항을 반드시 먼저 확인합니다. 레드프린팅 앤 프레스에서는 스티커와 스티커의 간격을 '3 mm' 이상으로 디자인할 것을 권장하고 있습니다.

일러스트레이터로 스티커 작업하기

01 Ctrl + N을 눌러 제작할 스티커 크기에 맞게 새로운 문서를 만듭니다. 스티커 테두리 칼선을 생각해 원래 스티커 사이즈보다 '4 mm' 크게 만듭니다. '65×180 mm' 크기의 스티커를 만들고 싶다면 폭을 '69 밀리미터'로, 높이를 '184 밀리미터'로 설정합니다. 인쇄 작업이기 때문에 색상 모드는 'CMYK 색상' 으로, 해상도는 '300 ppi'로 설정한 후 [만들기]를 클릭합니다.

스티커 테두리 칼선 신경 쓰기

▲ 출처: 레드프린팅 앤 프레스

일러스트레이터에서 스티커 크기에 맞는 아트보드를 만들 때 스티커 테두리 칼선을 신경 써서 아트보드 크기 를 정해야 합니다. 업체마다 제작 가이드가 다르니 작업 시 유의 사항을 반드시 먼저 확인합니다. 레드프린팅 앤 프레스에서는 스티커 테두리 칼선을 재단 사이즈보다 '3 mm' 안쪽으로 디자인할 것을 권장하고 있습니다.

02 [파일] – [열기] 명령으로 스케치한 도안을 불러 온 후 옵션바에서 [포함]을 클릭합니다.

03 옵션바에서 스케치 도안의 불투명도를 '30%'로 설정합니다. 레이어 패널에서 스케치 도안 레이어의 잠 금 아이콘을 클릭해 레이어를 잠근 후 새 레이어 만들기 아이콘을 클릭해 새로운 레이어를 만들어 줍 니다.

04 인쇄하였을 때 스티커가 잘려 나가지 않게 현재 크기에서 '5 mm' 정도 안으로 안전 영역 사각형을 만들어 줍니다. 툴바에서 [사각형 도구]를 클릭하고 아트보드를 클릭합니다. 너비는 '60 mm'로, 높이는 '175 mm'로 설정한 후 [확인]을 클릭합니다. 옵션바에서 칠은 '없음'으로 설정하였습니다.

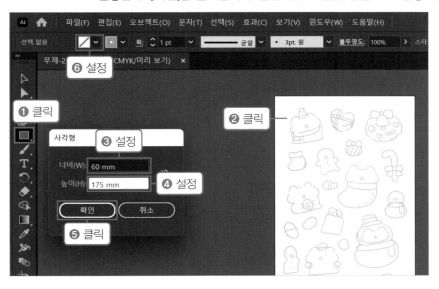

05 사각형을 아트보드와 정렬하기 위해 정렬 패널의 [가로 가운데 정렬]과 [세로 가운데 정렬]을 차례로 클릭합니다. 안전 영역을 만들었으면 안전 영역 안에서 스케치를 따라 도안을 그리고 채색합니다. 앞에서 배운 펜 도구, 브러쉬 도구, 연필 도구 중 자신에게 맞는 도구를 사용합니다.

06 레이어 패널에서 스케치 도안인 '레이어 1' 레이어를 선택하고 삭제 아이콘을 클릭해 삭제합니다.

07 씰스티커를 제작할 것이기 때문에 스티커마다 칼선을 만들어야 합니다. 칼선은 항상 하나의 패스로 제작합니다. '레이어 2' 레이어의 모든 오브젝트를 클릭&드래그하여 선택한 후 Ctrl + C 를 눌러 복사합니다. 새 레이어 만들기 아이콘을 클릭해 새로운 레이어(레이어 3)를 만든 후 Ctrl + Shift + V 를 눌러 새로운 레이어에 붙여넣습니다.

08 '레이어 2' 레이어의 잠금 아이콘을 클릭해 레이어를 잠가 줍니다. '레이어 3' 레이어의 오브젝트를 클릭&드래그하여 선택한 후 패스파인더 패널에서 [합치기]를 클릭합니다. 이 작업을 진행하기 전 스티커의 채색이 모두 완료되어 있어야 합니다.

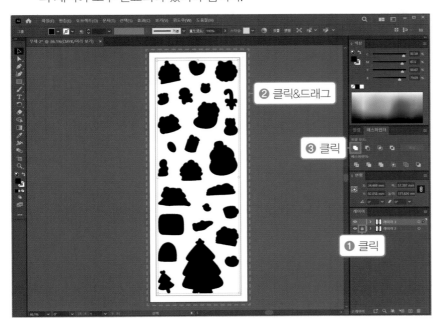

09 칼선 작업을 할 하나의 면이 완성되었습니다. 툴바의 칠과 획 교체 아이콘을 클릭해 칠과 획을 바꿔 줍니다.

10 지금 만들고 있는 스티커는 유테 스티커이기 때문에 원래 스티커의 외곽선과 칼선이 겹치지 않게 약간의 간격을 주어야 합니다. 메뉴바의 [오브젝트] – [패스] – [패스 이동]을 클릭한 후 이동을 '1 mm'로 설정하고 [확인]을 클릭합니다.

무테 스티커와 유테 스티커의 차이

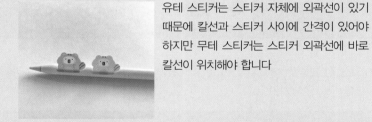

유테 스티커는 스티커 자체에 외곽선이 있기 때문에 칼선과 스티커 사이에 간격이 있어야 하지만 무테 스티커는 스티커 외곽선에 바로 칼선이 위치해야 합니다

▲ 유테 스티커   ▲ 무테 스티커

대신 무테 스티커는 칼선이 밀렸을 때를 방지하기 위해 스티커의 배경을 스티커가 사방으로 커진 것처럼 만들어야 합니다.

▲ 유테 스티커 작업과 무테 스티커 작업

11 칼선을 만들었으므로 이전에 스티커 외곽선과 겹쳐 있던 칼선을 클릭해 Delete 를 눌러 삭제합니다.

① 클릭

② Delete

12 레이어 패널에서 '레이어 2' 레이어의 눈 아이콘을 클릭해 끄고 칼선이 이상한 부분은 클릭하여 Delete 를 눌러 삭제하고 다듬어 줍니다.

① 클릭

② 클릭

③ Delete

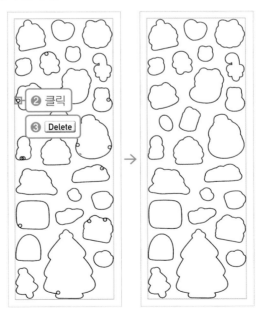

13 이제 스티커 각각의 배경을 만들어 주겠습니다. '레이어 3' 레이어에서 오브젝트를 클릭&드래그해 모두 선택하고 Ctrl + C를 눌러 복사합니다. 새 레이어 만들기 아이콘을 클릭해 새로운 레이어(레이어 4)를 만든 후 Ctrl + Shift + V를 눌러 새로운 레이어에 붙여넣습니다. '레이어 4' 레이어를 맨 아래에 배치합니다.

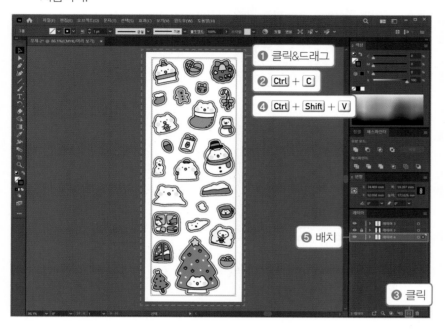

14 '레이어 4' 레이어에서 메뉴바의 [오브젝트] − [패스] − [패스 이동]을 클릭한 후 이동을 '2 mm'로 설정하고 [확인]을 클릭합니다.

15 '레이어 3' 레이어의 잠금 아이콘을 클릭해 레이어를 잠가 줍니다. 툴바의 칠과 획 교체 아이콘을 클릭해 칠과 획을 바꾼 후 칠을 스티커와 어울리는 배경색으로 설정합니다. 예제에서는 배경을 '흰색'으로 설정하였습니다.

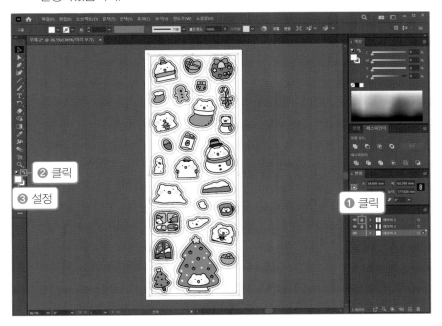

16 마지막으로 스티커 전체 배경을 만들어 줍니다. 툴바에서 [사각형 도구]를 선택한 후 아트보드를 한 번 클릭합니다. 사각형의 너비를 '69 mm'로, 높이를 '184 mm'로 설정한 후 [확인]을 클릭합니다. 옵션바에서 칠은 원하는 색상으로 설정하고, 획은 '없음'으로 설정합니다.

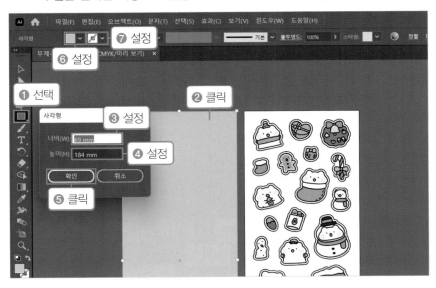

17 사각형을 아트보드와 동일한 위치에 배치한 후 마우스 오른쪽 버튼으로 클릭하여 [정돈] – [맨 뒤로 보내기]를 클릭합니다.

18 잠금 아이콘을 클릭해 '레이어 4' 레이어를 잠그고, '레이어 2' 레이어의 잠금을 해제합니다. '레이어 2' 레이어의 오브젝트를 클릭&드래그해 전체 선택한 후 Ctrl + X 를 눌러 잘라냅니다. '레이어 2' 레이어는 삭제 아이콘을 클릭해 삭제합니다.

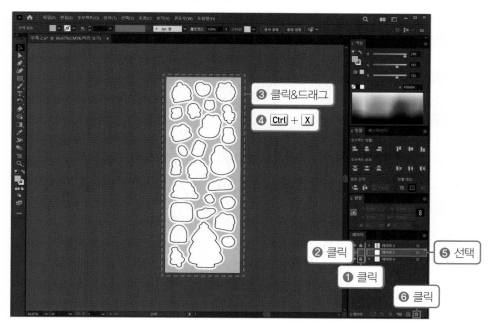

19 잠금 아이콘을 클릭해 '레이어 4' 레이어의 잠금을 해제한 후 Ctrl + F 를 눌러 그대로 붙여넣습니다.

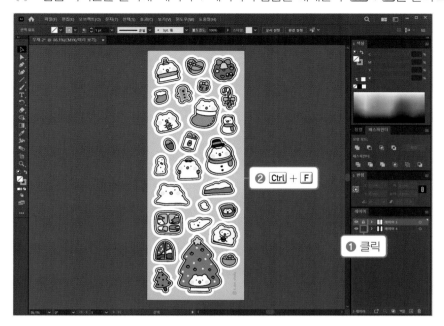

20 업체 제작 가이드에 맞춰 레이어의 이름을 변경합니다. 예제에서는 '레이어 3' 레이어를 더블 클릭해 이름을 '반칼'로 변경하였고, '레이어 4' 레이어를 더블 클릭해 이름을 '인쇄'로 변경하였습니다.

21 업체 제작 가이드에 맞춰 칼선을 정리합니다. 어떤 곳은 칼선의 색상을 'K100'으로, 두께를 '1 pt'로 설정하라고 하고, 어떤 곳은 칼선의 색상을 'M100'으로, 두께를 '0.5 pt'로 설정하라고 합니다. 칼선 레이어를 선택한 후 업체 제작 가이드에 맞춰 옵션바에서 획의 색상과 두께를 설정해 줍니다.

22 [파일] – [저장]을 클릭한 후 파일 형식을 PDF로 설정하여 일러스트레이터 파일을 PDF로 저장합니다.

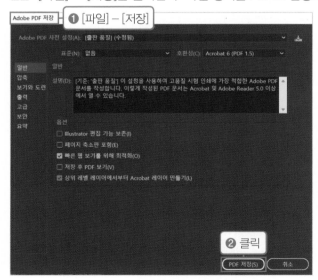

발주하기

01 발주하기 위해 다시 레드프린팅 앤 프레스 사이트로 돌아와 로그인한 후 용지, 규격, 인쇄수량 등을 설정합니다. 씰스티커는 주로 아트지, 유포지, 리무버블로 제작합니다. [주문가능용지]를 클릭해 용지별 특징을 확인하고 원하는 느낌의 용지를 선택합니다.

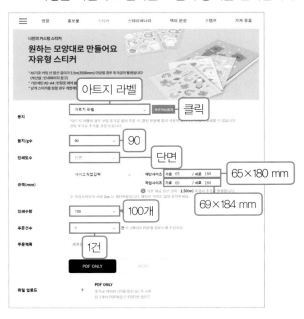

02 후가공을 [코팅]으로 선택하고, 재단은 [개별재단]으로 선택합니다. 개별재단을 선택하지 않으면 직접 스티커를 잘라야 합니다.

03 PDF 파일을 첨부하고 결제까지 하면 발주 완료입니다. 스티커가 오면 검수하여 판매하면 됩니다.

일러스트레이터에서 문자 도구나 폰트를 사용했다면?

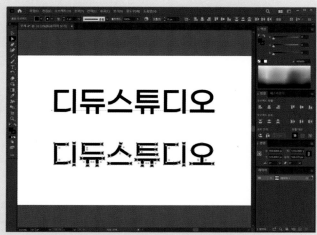

▲ 기본 문자 도구 상태와 윤곽선 상태일 때의 차이

일러스트레이터에서 굿즈를 만들다 보면 문자 도구를 사용할 때가 있습니다. 문자 도구로 폰트를 적용한 글자를 입력하였을 때는 메뉴바의 [문자] – [윤곽선 만들기] 또는 [오브젝트] – [확장]으로 폰트를 깨야 합니다. 폰트를 깨지 않으면 업체에 폰트가 없어 원하는 대로 인쇄되지 않기 때문입니다. 혹시 모를 수정에 대비해 원본 파일은 저장해 두고 폰트를 깬 파일을 따로 저장합니다.

떡메모지 만들고 발주하기

떡메모지는 일반 점착 메모지와 달리 접착력이 없고 한 장씩 떼서 사용하는 메모지입니다. 떡메모지를 디자인할 때는 메모를 할 수 있게 디자인하는 것이 좋습니다. 이모티콘 캐릭터가 너무 크게 들어가거나 메모할 공간이 없다면 실용성이 떨어질 수 있으니 공간을 잘 활용해서 디자인합니다. 떡메모지는 스티커처럼 칼선이 필요 없기 때문에 일러스트레이터뿐만 아니라 포토샵, 프로크리에이트에서도 만들 수 있습니다.

업체 정하기

01 먼저 어떤 업체에서 제작할 것인지 정합니다. 예제에서는 애즈랜드(www.adsland.com)에서 제작하겠습니다. 메뉴의 [굿즈] – [떡메모지]를 클릭합니다. 제작 가이드를 확인하기 위해 [작업가이드]를 클릭합니다.

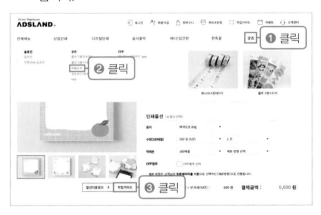

02 떡메모지 작업 시 주의사항을 숙지합니다. '안전사이즈'는 떡메모지를 인쇄한 후 재단할 때 잘려 나가는 부분을 방지하기 위한 선입니다. 안전사이즈 안으로 잘리면 안 되는 도안을 넣어야 합니다.

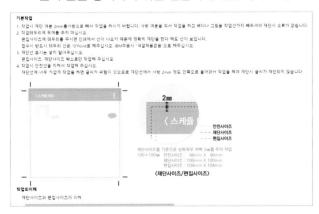

떡메모지 디자인하기

01 떡메모지의 크기를 정합니다. 기본적으로 '80×80 mm'로 많이 제작합니다.

02 스케치 노트, 프로크리에이트, 일러스트레이터 중 편한 곳에서 스케치합니다. 떡메모지의 주제를 정한 후 주제에 맞게 디자인하면 더 완성도 높은 떡메모지를 만들 수 있습니다. 떡메모지를 디자인할 때는 메모지로 사용하기 좋게 디자인합니다.

일러스트레이터로 떡메모지 작업하기

01 Ctrl + N을 눌러 제작할 떡메모지 크기에 맞게 새로운 문서를 만듭니다. 안전사이즈와 재단사이즈를 생각해 원래 크기보다 '4 mm' 크게 만들어야 합니다. '80×80 mm'의 떡메모지를 만들 것이라면 폭과 높이를 '84 밀리미터'로 설정합니다. 인쇄 작업이기 때문에 색상 모드는 'CMYK 색상'으로, 해상도는 '300 ppi'로 설정한 후 [만들기]를 클릭합니다.

02 [파일] - [열기] 명령으로 스케치한 도안을 불러온 후 옵션바의 [포함]을 클릭합니다.

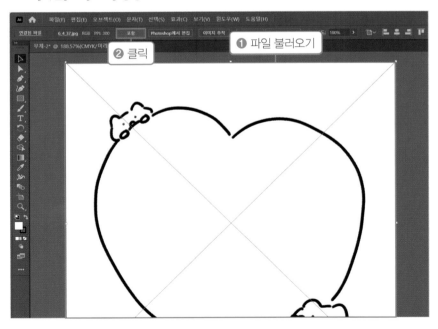

03 옵션바에서 스케치 도안의 불투명도를 '30%'로 설정합니다. 레이어 패널에서 스케치 도안 레이어의 잠금 아이콘을 클릭해 레이어를 잠근 후 새 레이어 만들기 아이콘을 클릭해 새로운 레이어를 만들어 줍니다.

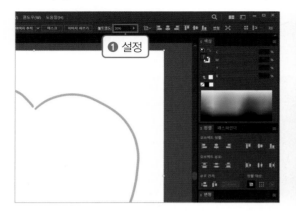 

04 인쇄하였을 때 떡메모지가 잘려 나가지 않게 현재 크기에서 '8 mm' 정도 안으로 안전 영역 사각형을 만들어 줍니다. 툴바에서 [사각형 도구]를 클릭하고 아트보드를 클릭합니다. 너비와 높이를 '76 mm'로 설정한 후 [확인]을 클릭합니다. 옵션바에서 칠은 '없음'으로 설정하였습니다.

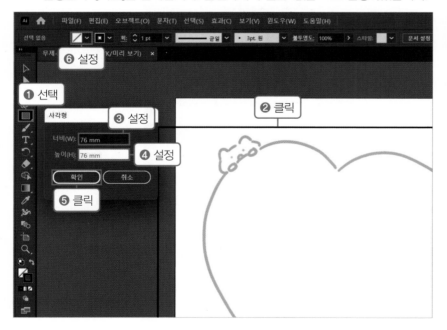

05 사각형을 아트보드와 정렬하기 위해 정렬 패널의 [가로 가운데 정렬]과 [세로 가운데 정렬]을 차례로 클릭합니다.

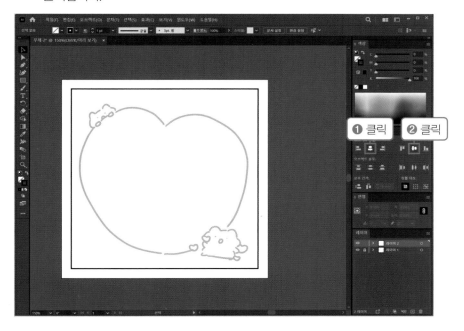

06 스케치를 따라 도안을 그리고 채색합니다. 앞에서 배운 펜 도구, 브러쉬 도구, 연필 도구 중 자신에게 맞는 도구를 사용합니다.

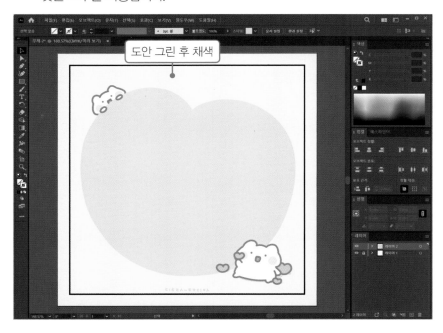

07 툴바에서 [선택 도구]를 클릭한 후 아트보드에서 안전 영역 사각형을 선택해 Delete 를 눌러 삭제합니다. 그리고 레이어 패널에서 스케치 도안이 있는 '레이어 1' 레이어를 선택한 후 휴지통 아이콘을 클릭해 삭제합니다.

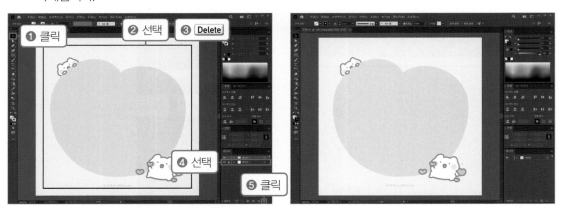

08 예제에서 선택한 업체인 '애즈랜드'는 첨부파일의 버전을 '일러스트레이터 CS6'으로 제한하고 있습니다. 필자는 CC 버전을 사용하고 있기 때문에 메뉴바의 [파일] – [저장]을 클릭한 후 Illustrator 옵션 창에서 버전을 [Illustrator CS6]으로 선택하고 [확인]을 클릭해 버전을 낮춰 저장하겠습니다.

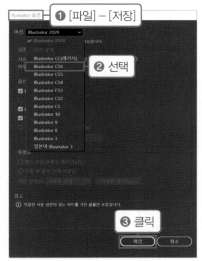

업체별 첨부파일 가이드 확인하기

'애즈랜드'는 첨부파일의 버전을 일러스트레이터/포토샵 CS6 또는 코렐 X5로 제한하고 있지만, 만약 다른 업체에서 떡메모지를 제작할 경우 업체에서 요구하는 첨부파일 가이드에 맞게 파일을 저장해야 합니다.

발주하기

01 발주하기 위해 다시 애즈랜드 사이트로 돌아와 로그인한 후 떡메모지 규격과 인쇄옵션을 설정합니다. 규격에서 '재단사이즈'는 실제 크기이고, '편집사이즈'는 일러스트레이터에서 작업할 때 설정한 아트보드의 크기입니다. 제본 방향 선택에서 '상철'은 세로로, '좌철'은 가로로 뜯는 방식입니다.

02 파일을 업로드한 후 배송지 정보와 결제 정보를 입력해 결제하면 발주가 완료됩니다. 떡메모지가 오면 검수한 후 판매합니다.

아크릴 키링 만들고 발주하기

키링은 작은 크기의 굿즈로 소장하기 좋습니다. 키링은 아크릴 키링, 말랑 키링, 인형 키링 등 다양한 종류가 있습니다. 예제에서는 기본적인 아크릴 키링을 만들어 보겠습니다. 아크릴 키링은 겉에 인쇄를 하거나, 아크릴 사이에 인쇄를 하거나, 색깔 아크릴을 사용합니다. 다양한 키링 중 자신이 원하는 느낌의 키링을 제작해 봅니다.

업체 정하기

01   먼저 어떤 업체에서 제작할 것인지 정해야 합니다. 예제에서는 올댓프린팅(www.allthatprinting.co.kr)에서 제작하겠습니다. 메뉴의 [아크릴굿즈] – [아크릴키링]을 클릭한 후 [투명아크릴]을 클릭합니다.

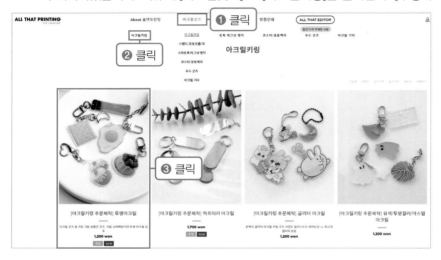

02 스크롤을 아래로 내려 '아크릴키링 도안 제작 가이드'를 확인합니다. '재단' 레이어에는 칼선 패스가 들어가야 하고, '화이트' 레이어에는 도안 모양 그대로 'C100' 색상의 면이 들어가야 합니다. 화이트 레이어를 만들지 않으면 키링 그림이 반투명하게 비칠 수 있습니다. '컬러(이미지)' 레이어에는 키링의 컬러 도안을 넣어 줍니다.

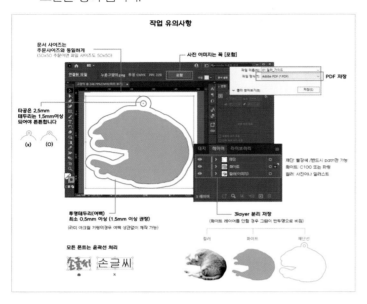

키링 디자인하기

01 시중에 나와 있는 키링들은 어떤 크기로 만들었는지 찾아 본 후 제작할 키링의 크기를 정합니다. 예제에서는 '40×40 mm' 크기의 키링을 만들겠습니다.

02 노트, 프로크리에이트, 일러스트레이터 중 편한 곳에서 스케치합니다.

파일 제작하기

01 일러스트레이터를 실행한 후 Ctrl + N을 눌러 제작할 키링 크기에 맞게 새로운 문서를 만듭니다. 키링은 제작할 크기와 동일한 크기로 설정합니다. '40×40 mm' 크기의 키링을 만들기 위해 폭과 높이를 '40 밀리미터'로 설정합니다. 인쇄 작업이기 때문에 색상 모드는 'CMYK 색상'으로, 해상도는 '300 ppi'로 설정한 후 [만들기]를 클릭합니다.

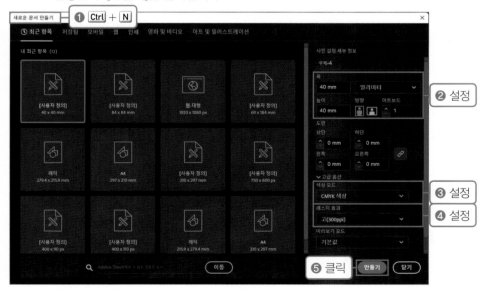

02 [파일] – [열기] 명령으로 스케치한 도안을 불러온 후 옵션바에 [포함]을 클릭합니다.

03 옵션바에서 스케치 도안의 불투명도를 '30%'로 설정합니다. 레이어 패널에서 스케치 도안 레이어의 잠금 아이콘을 클릭해 레이어를 잠근 후 새 레이어 만들기 아이콘을 클릭해 새로운 레이어를 만들어 줍니다.

04 스케치를 따라 도안을 그리고 채색합니다. 앞에서 배운 펜 도구, 브러쉬 도구, 연필 도구 중 자신에게
맞는 도구를 사용합니다.

도안 그린 후 채색

05 채색을 마친 후 레이어 패널에서 스케치 도안이 있는 '레이어 1' 레이어를 선택하고 휴지통 아이콘을
클릭해 삭제합니다. '레이어 2' 레이어를 더블 클릭해 이름을 '레이어 1'로 변경합니다.

06 '레이어 1' 레이어의 오브젝트를 클릭&드래그하여 전체 선택한 후 Ctrl + C를 눌러 복사합니다. 새 레이어 만들기 아이콘을 클릭해 새로운 레이어(레이어 2)를 만든 후 Ctrl + Shift + V를 눌러 새로운 레이어에 붙여넣습니다. '레이어 1' 레이어의 잠금 아이콘을 클릭해 레이어를 잠가 줍니다.

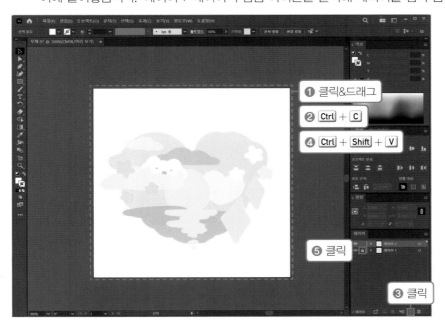

07 클릭&드래그하여 오브젝트를 전체 선택한 후 패스파인더 패널의 [합치기]를 클릭합니다. 색상 패널에서 칠은 'C100'으로 설정하고, 획은 '없음'으로 설정합니다.

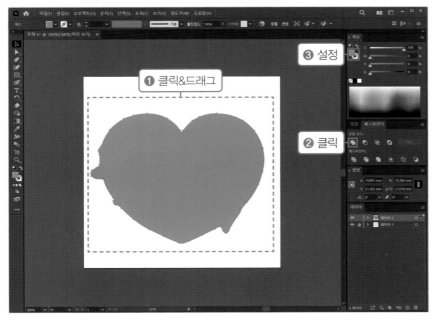

08 제작 가이드에 맞게 '1.5 mm' 이상의 투명 테두리 여백을 만들어 주겠습니다. 먼저 '레이어 2' 레이어의 오브젝트를 클릭&드래그하여 전체 선택한 후 Ctrl + C 를 눌러 복사합니다. 새 레이어 만들기 아이콘을 클릭해 새로운 레이어(레이어 3)를 만든 후 Ctrl + Shift + V 를 눌러 새로운 레이어에 붙여넣습니다.

09 툴바의 칠과 획 교체 아이콘을 클릭해 칠과 획을 바꿔 줍니다. 그리고 '레이어 2' 레이어의 잠금 아이콘을 클릭해 레이어를 잠가 줍니다.

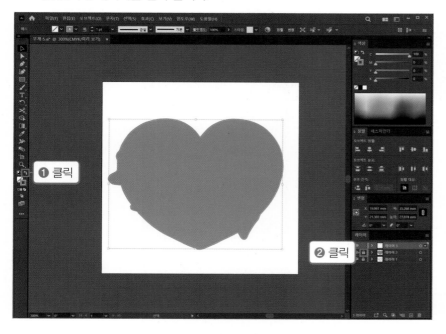

10 메뉴바의 [오브젝트] – [패스] – [패스 이동]을 클릭합니다. '1.5 mm' 이상의 투명 테두리를 만들 것이기 때문에 이동을 '2 mm'로 설정한 후 [확인]을 클릭합니다.

11 패스 이동 전에 있던 키링 외곽선과 겹치는 패스를 클릭해 Delete 를 눌러 삭제합니다. 이동한 패스를 선택해 색상 패널에서 획을 'M100'으로 설정합니다.

12 패스가 선택된 상태에서 툴바에서 [펜 도구]를 클릭해 패스를 원하는 모양으로 다듬어 줍니다. 패스 이동으로 투명 테두리를 만드는 것이 어렵다면 원하는 모양으로 직접 그려도 좋습니다.

13 이제 키링의 타공을 만들어 주겠습니다. 툴바에서 [사각형 도형]을 길게 클릭해 [원 도형]을 선택한 후 너비와 높이가 '2.5 mm' 원을 만들어 줍니다. 적절한 위치에 배치한 후 메뉴바의 [오브젝트] – [패스] – [패스 이동]을 클릭해 이동을 '1.5 mm'로 설정하고 [확인]을 클릭합니다.

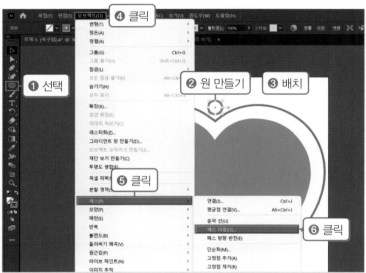

14 툴바에서 [선택 도구]를 클릭한 후 패스 이동한 원을 선택하고 하트 모양의 투명 테두리를 Shift 를 누른 채 클릭하여 다중 선택합니다. 패스파인더 패널에서 [합치기]를 클릭합니다.

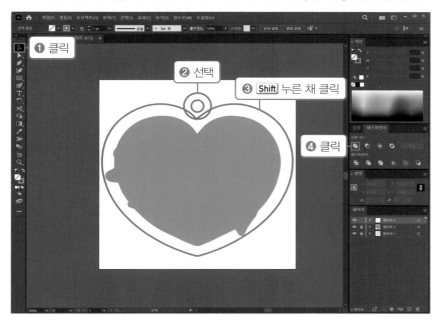

15 타공이 포함된 투명 테두리를 완성하였습니다. 만약 패스파인더에서 '합치기'하였는데 안에 남는 선이 있다면 패스를 마우스 오른쪽 버튼으로 클릭한 후 [컴파운드 패스 풀기]를 클릭하여 남는 선을 삭제합니다.

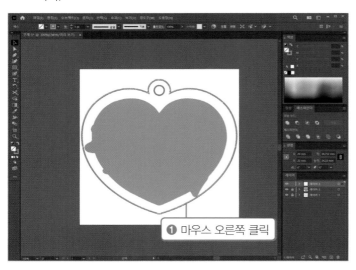

16 업체 제작 가이드에 맞춰 레이어의 이름을 변경합니다. '레이어 1' 레이어를 더블 클릭해 '이미지'로 변경하고, 나머지 '레이어 2'와 '레이어 3' 레이어도 더블 클릭하여 차례대로 '화이트'와 '재단'으로 변경합니다.

더블 클릭한 후 이름 변경

17 [파일] – [저장]을 클릭한 후 파일 형식을 PDF로 설정하여 일러스트레이터 파일을 PDF로 저장합니다.

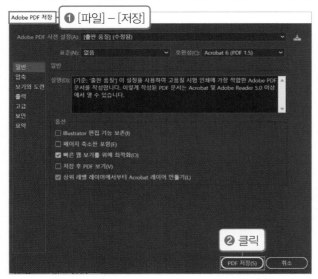

❶ [파일] – [저장]

❷ 클릭

발주하기

01 발주하기 위해 다시 올댓프린팅 사이트로 돌아와 로그인한 후 사이즈, 총주문수량, 인쇄방식, 고리줄종류, 고리줄조립방식을 선택합니다.

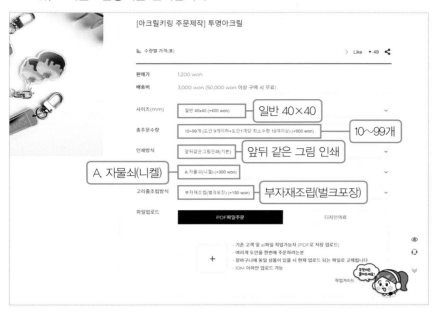

02 파일을 업로드한 후 배송지 정보와 결제 정보를 입력해 결제하면 발주가 완료됩니다. 키링이 오면 검수한 후 판매합니다.

프로크리에이트로 굿즈 발주하기

일러스트레이터가 너무 어렵다면 아이패드의 프로크리에이트 앱에서 굿즈를 만들 수 있습니다. 대신 칼선을 자동으로 만들어 주는 업체를 이용해야 합니다. 많이 이용하는 업체 중 하나인 '오프린트미'에서 프로크리에이트로 스티커를 발주하는 방법을 알아보겠습니다.

01 먼저 아이패드에서 오프린트미(www.ohprint.me) 사이트에 접속한 후 [스티커] – [DIY]에 들어가 스티커의 크기를 정합니다. 오프린트미는 제작 가능한 크기가 정해져 있습니다.

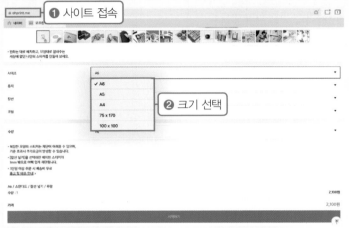

02 프로크리에이트를 실행해 스티커 크기에 맞는 캔버스를 만듭니다. 예제에서는 '100×100 mm' 크기의 스티커를 만들어 보겠습니다. 너비와 높이를 '100 mm'로 설정한 후 [창작]을 터치합니다.

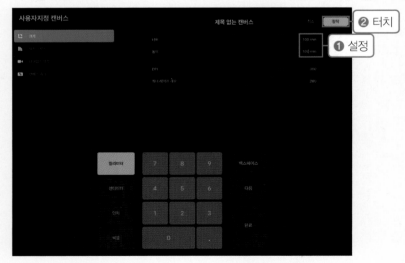

여기서 잠깐!

프로크리에이트는 CMYK 색상 모드로 설정할 수 없습니다.

프로크리에이트를 이용해 굿즈를 만들 때는 CMYK 모드로 제작이 어렵습니다. 프로크리에이트에서 작업한 파일을 업체에 최종적으로 업로드할 때 RGB 모드만 지원되는 PNG로 저장해야 하기 때문입니다. 그래서 인쇄되어 나오는 스티커와 아이패드에 그린 스티커의 색상이 꽤 다를 수 있습니다.

03 [브러시 도구]를 터치해 스티커를 그려 줍니다.

04 스티커 그리기를 마친 후 [레이어 도구]를 터치해 '배경 색상' 레이어를 체크 해제합니다.

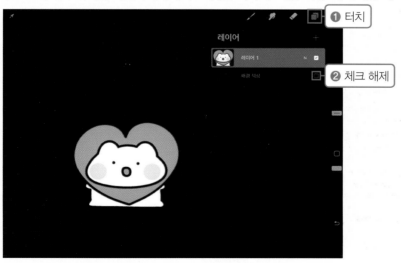

05 [동작 도구]를 터치해 [공유] – [PNG]를 터치하여 이미지로 저장합니다.

06 오프린트미에 다시 들어가 로그인한 후 스티커의 사이즈를 '100×100', 용지를 '스탠다드', 칼선을 '칼선 넣기', 코팅을 '무광', 수량을 '1매'로 설정하고 [시작하기]를 터치합니다.

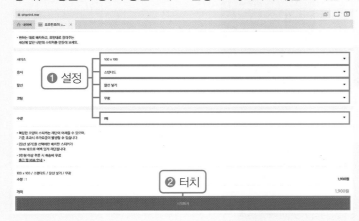

07 [직접 디자인 하기]를 터치합니다. 위쪽의 연필 아이콘을 터치해 [사진]을 터치한 후 이미지로 저장한 스티커 파일을 선택합니다.

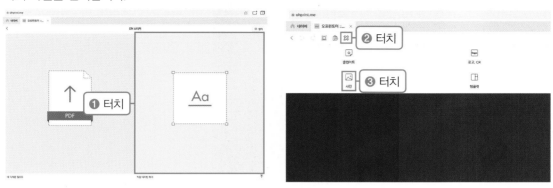

08 스티커 이미지의 크기를 조절하고 [제출하기]를 터치합니다.

09 배송지 정보와 결제 정보를 입력해 결제하면 발주가 완료됩니다. 스티커가 오면 검수한 후 판매합니다.

 Tip!

칼선을 자동으로 만들어 주는 다양한 업체와 칼선 없이 제작 가능한 굿즈

'오프린트미'뿐만 아니라 '올댓프린팅'도 칼선을 자동으로 만들어 주는 서비스가 있습니다. 그리고 '마플샵' 같은 제작 업체에서도 프로크리에이트로 만든 이미지를 이용해 굿즈를 만들 수 있습니다. 칼선이 필요 없는 엽서나 떡메모지의 경우 프로크리에이트로 충분히 제작할 수 있기 때문에 일러스트레이터를 다루는 것이 어렵다면 위에 소개한 방법으로 프로크리에이트를 통해 굿즈를 만들어 봅니다.

굿즈 판매하기

열심히 만든 굿즈를 판매하는 방법을 알아보는 챕터입니다. 굿즈를 판매하기 전 상품성을 확인하기 위해 어떤 것을 검수해야 하는지 알아보고 굿즈를 포장하는 다양한 방법을 살펴보겠습니다. 온라인 판매와 오프라인 판매 중 자신에게 맞는 판매 방식은 무엇인지 생각해 봅니다.

굿즈 검수하기

굿즈를 검수하는 일은 굿즈를 판매하기 전에 반드시 해야 하는 과정입니다. 굿즈의 품질이 어떤지, 제작 과정에서 실수한 부분은 없는지, 원하는 색상으로 나왔는지 등을 확인해야 합니다. 본품을 발주하기 전에 먼저 샘플을 발주하여 샘플의 상태를 체크하는 것을 추천합니다.

샘플 색상 확인하기

CMYK 모드로 작업하여도 화면에서 보이는 색상과 실제 제작된 상품의 색상이 다를 수 있습니다. 먼저 샘플을 발주한 후에 샘플의 색상을 확인하고 색상이 생각대로 괜찮게 나왔다면 본품을 발주합니다. 만약 너무 탁하거나 원래 생각한 색상보다 밝다면 색을 다시 조정해서 발주합니다. 샘플을 발주할 때 한 가지 색상으로 발주하기보다 색상을 조금씩 다르게 하여 동일한 제품을 여러 버전으로 발주하는 것이 좋습니다. 여러 버전을 확인해 보고 그중 마음에 드는 색상을 골라 본품으로 발주하면 더 완성도 있는 굿즈를 만들 수 있습니다.

굿즈 크기 확인하기

키링, 떡메모지 등과 같이 크기에 따라 느낌이 달라지는 굿즈는 샘플을 발주하여 자신이 원하는 크기가 맞는지 확인해야 합니다. 화면으로 작업한 크기와 실제 크기는 꽤 다를 수 있습니다. 색상을 확인할 때와 마찬가지로 샘플을 발주할 때 여러 가지 크기로 발주해 보고 너무 크거나 작지 않은지, 사람들이 사용하기 적당한 크기인지 확인한 후 실제로 봤을 때 제일 적당한 크기로 결정하여 본품을 발주합니다.

제작 퀄리티 확인하기

발주한 업체의 제작 퀄리티가 괜찮은지 확인해야 합니다. 실제로 나왔을 때 상품으로 판매할 수 있는 퀄리티인지 체크하고 퀄리티가 너무 떨어지면 옵션을 변경하거나 다른 업체에서 굿즈를 제작합니다. 발주하기 전에 업체 후기나 업체의 포트폴리오도 꼭 확인해 봅니다.

실수 체크하기

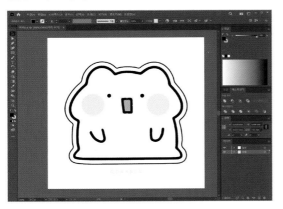 

굿즈를 만드는 과정에서 실수가 있을 수 있습니다. 예전에 에엥이 캐릭터로 스티커를 만들 때 일러스트레이터 작업 중 실수가 있어 스티커가 이상하게 나온 경험이 있습니다. 그때는 샘플을 먼저 발주하지 않고 본품을 대량으로 발주했었는데 캐릭터의 입 부분에 검은색과 빨간색이 겹쳐 보였습니다. 업체측 실수인가 싶어 문의를 했더니 일러스트레이터에서 작업할 때 체크하지 못한 실수였습니다. 결국 이 스티커는 판매하지 않고 덤으로 나눠주었습니다. 이렇게 작업한 파일에서 실수한 부분을 체크하려면 소량으로 샘플을 발주해 보는 것이 좋습니다.

본품 검수하기

샘플을 검수하였다면 본품도 반드시 검수해야 합니다. 본품은 실제로 판매할 제품이기 때문에 더 꼼꼼히 검수해야 합니다. 주문 수량이 맞게 왔는지, 칼선이 밀린 곳은 없는지, 인쇄는 잘 되었는지, 불량이 있는지 등을 확인합니다. 업체가 사전 고지한 정보보다 더 안 좋게 나온 불량이 있을 경우 업체에 문의해서 다시 제작을 요청하거나 환불을 받아야 합니다. 미리 샘플을 발주한 후 본품을 발주할 때 업체에 샘플 내역을 보여주며 최대한 샘플과 비슷하게 제작해 달라고 요청하면 좋습니다.

굿즈 포장하기

굿즈를 판매할 때 포장은 필수입니다. 굿즈의 개별 포장뿐만 아니라 배송을 직접 하는 경우에는 배송 포장도 해야 합니다. 굿즈를 개별 포장하면 상품성이 더 올라가기도 하고, 다양한 곳에 입점하거나 판매하기도 수월해집니다. 무엇보다 굿즈를 보호할 수 있습니다.

포장에는 다양한 방법이 있습니다. 포장으로도 브랜딩할 수 있으므로 자신의 이모티콘 캐릭터, 일러스트 등을 포장 용지에 넣는 것이 좋습니다.

스티커 포장하기

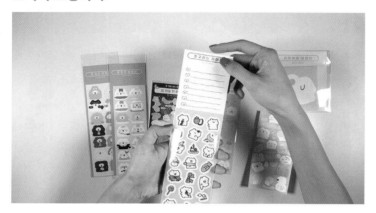

스티커의 경우 포장하지 않은 채로 계속 놔두면 먼지가 붙기도 하고 스티커 접착면에 들뜸이 생기기 때문에 반드시 개별 포장을 해야 합니다. 스티커는 주로 OPP 비접착 봉투나 종이 봉투를 사용해 포장하고 포장지 위에 작은 스티커를 붙여서 포장지를 꾸미기도 합니다. 스티커는 얇은 종이 재질이기 때문에 봉투에 넣어도 휘어질 가능성이 있습니다. 그래서 스티커 뒤에 뒷대지를 넣어 포장합니다. 뒷대지는 보통 금방 버려지기 때문에 단가가 너무 높지 않는 지류로 선택하는 것이 좋고, 명함이나 엽서를 제작하는 곳에서 제작할 수 있습니다. 스티커 뒷대지에는 스티커의 정보나 바코드를 넣어 제작하는 편입니다.

떡메모지 포장하기

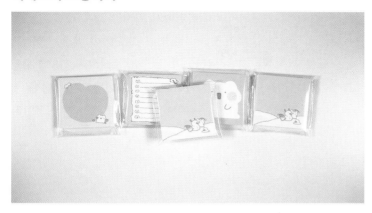

떡메모지는 지류 굿즈이기 때문에 개별 포장하는 것이 좋습니다. 떡메모지를 포장할 때는 주로 OPP 접착 봉투, 종이 봉투, 랩핑지 등을 사용합니다. 떡메모지는 스티커보다 두께가 두껍기 때문에 비접착 봉투가 아닌 접착 봉투에 포장하는 것을 추천합니다. OPP 접착 봉투의 크기는 떡메모지가 완전히 들어갈 수 있도록 넉넉한 크기로 구매해야 합니다.

키링 포장하기

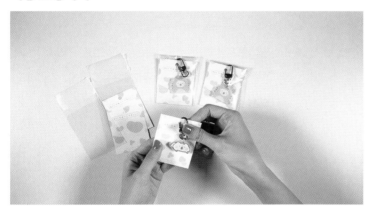

키링은 다양한 방법으로 포장할 수 있습니다. 키링 포장지는 OPP 접착 봉투, 종이 봉투, 플라스틱 박스, 랩핑지 등 여러 가지를 사용합니다. 필자는 주로 OPP 접착 봉투에 뒷대지와 함께 포장합니다. 보통 키링 뒷대지에는 키링을 고정시키기 위해 타공이나 도무송을 넣습니다. 타공은 인쇄물에 구멍을 내는 작업이고, 도무송은 원하는 모양으로 종이를 잘라내는 작업입니다. 키링을 뒷대지에 고정한 후 포장하면 OPP 접착 봉투 안에서 키링이 움직이지 않아 깔끔합니다.

배송 포장하기

오프라인에서 굿즈를 판매하면 배송 포장을 하지 않아도 되지만 온라인에서 판매할 경우 배송 포장이 필요합니다. 배송 포장은 배송되는 동안 굿즈가 상하지 않게 포장하는 것으로 보통 종이 박스, 안전 봉투, 택배 봉투 등에 포장합니다. 종이 박스에 포장할 경우 파손 위험이 있는 굿즈는 뽁뽁이나 완충재를 함께 넣어 포장합니다. 안전 봉투에는 뽁뽁이가 기본적으로 들어가 있어 스티커나 키링처럼 작은 굿즈를 넣을 수 있습니다. 택배 봉투에는 파손 위험이 덜 한 패브릭 굿즈를 포장하면 좋습니다. 환경을 위해 친환경 포장재를 쓰는 것을 추천합니다.

 Tip!

포장재 쇼핑몰 추천!

- **박스몰(www.boxmall.net)**
  다양한 사이즈의 박스 및 포장재를 구매할 수 있습니다. 가격이 저렴하지만 최소 주문 수량이 많은 편입니다.
- **비닐닷컴(비닐닷컴.com)**
  다양한 사이즈의 비닐 및 포장재를 구매할 수 있습니다. 가격이 저렴하지만 최소 주문 수량이 많은 편입니다.
- **XNCmall(www.xncmall.co.kr)**
  다양한 사이즈의 포장재를 구매할 수 있습니다. 친환경 포장재도 판매합니다.
- **혜림봉투(www.hrbongtoo.com)**
  다양한 사이즈의 봉투 및 포장재를 구매할 수 있습니다. 가격이 저렴하지만 최소 주문 수량이 많은 편입니다.
- **Anbox(www.an.co.kr)**
  다양한 사이즈의 박스 및 포장재를 구매할 수 있습니다. 가격이 저렴하지만 최소 주문 수량이 많은 편입니다.

온라인에서 굿즈를 판매하는 방법은 다양합니다. 다양한 방법 중 스마트 스토어, 자사몰, 폼 형식, 온라인 오픈마켓, 온라인 소품샵 입점 판매에 대해 알아보겠습니다. 만약 본업이 있어 계속 판매에 신경 쓰기 어렵다면 온라인 위탁 판매나 입점 판매를 추천합니다.

스마트 스토어 판매

스마트 스토어는 네이버에서 제공하는 서비스로 온라인 판매 플랫폼 중 가장 많이 이용하는 플랫폼입니다. 스마트 스토어는 개설이 쉽고, 직접 서버를 구축해 사이트를 만들 필요가 없습니다. 판매 대행에 대한 수수료가 있지만 다른 판매 플랫폼에 비해 수수료가 싼 편입니다.

자사몰 판매

자사몰 판매는 자신이 직접 쇼핑몰 사이트를 만들어 운영하는 것입니다. 초보자라면 처음부터 자사몰을 만들어 운영하기 어려울 것입니다. 카페24(www.cafe24.com), 식스샵(www.sixshop.com), 고도몰(www.nhn-commerce.com/z/godomall) 등의 쇼핑몰 솔루션 업체를 통해 이런 어려움을 해결할 수 있습니다.

폼 형식 판매

트웬티 폼, 구글 폼, 네이버 폼 등과 같이 폼 형식으로 굿즈를 판매할 수 있습니다. 폼 형식은 사이트를 만들 필요 없이 간단한 폼을 제작하여 판매합니다. 수수료가 적기 때문에 굿즈 판매 수량이 적은 초반에 사용하면 좋습니다. 대신 포털 사이트에서 검색이 어려워 직접 폼 사이트를 홍보해야 합니다.

온라인 오픈마켓 입점 판매

아이디어스, 쿠팡, 브랜디, 에이블리 등 오픈마켓에 입점하여 굿즈를 판매하기도 합니다. 많은 소비자에게 노출되고 직접 사이트를 만들 필요가 없다는 장점이 있지만, 수수료가 높다는 단점이 있습니다.

온라인 소품샵 입점 판매

여러 온라인 소품샵이나 온라인 문구용품 판매 업체에 입점하여 판매할 수도 있습니다. 굿즈나 문구류를 좋아하는 소비자들이 주로 이용하는 곳으로 판매에 신경 쓰지 않아도 되는 편리함이 있습니다. 하지만 입점 수수료가 꽤 높은 편입니다.

 다양한 택배 업체 알아보기

상품 구분	접수 규격	슬라이딩 운임 적용 기준	택배 요금
일반 공산품	세 변의 합 100cm, 중량 5kg 이하 (슬라이딩 운임 적용 규격)	전월 501Box 이상	2,650원
		전월 101Box 이상	2,900원
		전월 100Box 이하	**3,300원** (최초 요금)
		전월 30Box 이하	4,500원
	세 변의 합 120cm, 중량 10kg 이하	없음	4,500원
	세 변의 합 140cm, 중량 15kg 이하	없음	5,600원
신선식품	세 변의 합 100cm, 중량 5kg 이하	없음	3,500원
	세 변의 합 120cm, 중량 10kg 이하	없음	4,800원
	세 변의 합 140cm, 중량 15kg 이하	없음	5,900원

▲ 한진25 원클릭 택배서비스 2023 기준 요금제

굿즈를 판매하기 전 배송을 어떻게 할지 정해야 합니다. 배송할 택배량이 많다면 택배 회사와 계약을 맺는 것이 좋습니다. 한진25 원클릭 택배서비스는 소량 방문 택배가 가능합니다. 첫 달에 기본 가격이 정해져 있고 한 달 동안 정해진 건수 이상을 배송하면 다음 달에는 할인된 가격으로 택배를 보낼 수 있습니다. 반대로 30건 미만으로 배송하면 다음 달에는 좀 더 비싼 가격으로 택배를 보내야 합니다.

GS postner
대모집

개인 사업자 회원님들 택배비 할인받으세요!

GS postner 는 **GS postbox + partner**의 합성어로
개인사업자분들의 택배비 부담을 줄여드리기 위해 운영되는 제도입니다.

국내택배 중량	베스트 GS postner 기본등급	에이스 직전 3개월 누적 국내택배 200건 이상	프리미어 직전 3개월 누적 국내택배 300건 이상
2kg 이하	3,200원	3,100원	3,000원
5kg 이하	4,200원	4,200원	4,200원
10kg 이하	5,100원	5,100원	5,100원

※ 국내택배 10KG 초과분은 일반 운임을 따릅니다. ※

▲ GS postner 2023 기준 요금제

배송할 택배량이 많지 않다면 직접 업체에 방문하여 택배를 보내는 방법도 있습니다. 우체국 택배는 배송이 빠르고 정확하다는 장점이 있지만 가격 면에서는 부담스러울 수 있습니다. 필자는 굿즈 배송량이 적을 경우 편의점 택배를 이용합니다. GS 편의점 택배는 사업자 회원으로 가입하면 2023년 기준으로 2kg 이하를 3200원에 발송할 수 있습니다. 직접 방문하여 배송해야 하는 번거로움이 있지만 계약이 어려운 신인 작가들에게는 필요한 방법입니다.

오프라인에서 굿즈 판매하기

온라인에서 판매하는 것이 어렵다면 오프라인에서 굿즈를 판매할 수도 있습니다. 오프라인에서 판매하는 방법에는 행사 판매와 오프라인 소품샵 입점 판매가 있습니다.

행사 판매

페어, 전시회, 플리마켓, 팝업스토어 등 다양한 행사에 참여하여 굿즈를 판매할 수 있습니다. 오프라인 판매의 장점은 소비자와 직접 대면할 수 있는 것입니다. 기회가 된다면 다양한 행사에 참여해 자신의 굿즈를 홍보하고 굿즈별 인기와 선호도를 확인하는 것이 좋습니다. 행사 판매는 자신의 캐릭터나 브랜드를 알지 못했던 사람들에게 캐릭터나 브랜드를 홍보할 수 있는 좋은 판매 방법입니다. 행사에 참여해 다른 작가님들과 친분을 쌓을 수도 있고 여러 업체와 교류할 수도 있습니다. 다만 행사를 나가기 위한 시간과 준비 기간이 필요합니다.

오프라인 소품샵 입점 판매

오프라인 소품샵, 문구점, 문고 등에 입점해서 판매하는 방법도 있습니다. 소비자들이 굿즈를 실물로 볼 수 있고 위탁 판매를 하기 때문에 판매에 대한 부담을 줄일 수 있다는 장점이 있습니다. 소품샵 입점은 제안이 오기도 하고 직접 입점 신청을 할 수도 있습니다. 입점을 하는 경우에는 대부분 수수료가 있으니 입점처별 위치와 접근성을 잘 비교해보며 입점하도록 합니다.

카카오톡, 라인, 밴드, OGQ마켓과 함께하는
무조건 승인되는 이모티콘 & 굿즈 만들기

초판2쇄발행	2024년 10월 07일
초 판 발 행	2023년 08월 10일
발 행 인	박영일
책 임 편 집	이해욱
저 자	백지수(디듀)
편 집 진 행	정민아
표 지 디 자 인	하연주
편 집 디 자 인	김지현
발 행 처	시대인
공 급 처	(주)시대고시기획
출 판 등 록	제 10-1521호
주 소	서울시 마포구 큰우물로 75 [도화동 538 성지 B/D] 6F
전 화	1600-3600
홈 페 이 지	www.sdedu.co.kr
I S B N	979-11-383-5520-9(13000)
정 가	18,000원

※이 책은 저작권법에 의해 보호를 받는 저작물이므로, 동영상 제작 및 무단전재와 복제, 상업적 이용을 금합니다.
※이 책의 전부 또는 일부 내용을 이용하려면 반드시 저작권자와 (주)시대고시기획 · 시대인의 동의를 받아야 합니다.
※잘못된 책은 구입하신 서점에서 바꾸어 드립니다.

시대인은 종합교육그룹 (주)시대고시기획 · 시대교육의 단행본 브랜드입니다.